ちくま学芸文庫

増補 聖典クルアーンの思想

イスラームの世界観

大川玲子

筑摩書房

増補版はじめに

原著『聖典「クルアーン」の思想』が刊行されてちょうど二十年が経ち、「 」をはずしたタイトルで増補版が出ることになった。

原著はアメリカの同時多発テロの前に執筆を依頼され、テロ後に刊行された。当時、アメリカの「対テロ戦争」が始まり、アフガニスタンやイラクへの侵攻が続いた。その後、「アラブの春」と「イスラム国（ＩＳ）」の台頭、さらにヨーロッパでのテロ多発という事態が起こった。本書刊行の前年にはパレスチナとイスラエルの「戦争」が始まり、今なお続いている。

本当に世界のムスリムにとっては激動の時期であった。

本書は原著の第一から第四章を加筆修正し、さらに第五章を新たに書き下ろしたものである。

筆者はこの二十年の間に、中東などのムスリム諸国を訪れつつ、在外研究でカンボジアやアメリカに住み、マイノリティのムスリムについて調査研究を行うことができた。今回の増補にはこういった新しい知見も反映させたが、原著の変更はできるだけ少なくした。新章の第五章はアメリカでの研究の一端が含まれたものになっている。第四章でクルアーンの日本語訳の歴史を振り返ったが、その後の二十年間でさらに興味深い展開が見られた。改宗者日本人ムスリムによる翻訳が続出したのである。そこで第五章では、アメリカでも改宗者のクルアーン英語訳が存在感を示していることを紹介しつつ、現在進行形のムスリムとクルアーンとの関わりの一側面を切り取った。

最初の著書がまた日の目を見ることを不思議に思いつつ、何か読者のお役に立てばと願っているところである。

初版はじめに

二〇〇一年のこと。富山県小杉町（現・射水市）でイスラームの聖典クルアーン（コーラン）が破られるという事件があった。この町にはパキスタン人ムスリム（イスラーム教徒）がビジネスのために多く居住し、礼拝所のクルアーンが持ち出されたのであった。聖なる書物が破られたことを知り、全国からパキスタン人が集結、怒りを表明するために富山県庁前などでデモ行進をした。さらに東京代々木上原のモスク「東京ジャーミイ」でも全国から集まったムスリムがデモを行い、外務省にも事件解決と再発防止を求める文書が提出された。

事件が解決するまでは、在日ムスリムに対する嫌がらせではないかとも言われ、文化摩擦問題として見られることもあった。真相は宗教的・社会的なものではなく、個人的な問題であったようだ。だがこの事件で日本人にはっきりと分かったのは、唯一神アッラーの言葉が書かれたものをムスリムがいかに大切にしているかということであろう。

筆者もこんな体験をしたことがある。ずいぶん昔になるが、チュニス（チュニジアの首都）の旧市街の細い路地をうろうろさまよっていた。モスクの脇にある書店に立ち寄ると、そこには新刊本だけでなく古書もあり、期待が高まる。

「何を探している？」と店の人。

「クルアーンや、その解釈書が見たいのですが」

「ムスリムか？」

「いいえ、違います」

「ならば、クルアーンに触れることはできないよ」

こんなやりとりは決して多くはないが、たまに出くわす。そういえば、エルサレムやモロッコのタンジェの旧市街の書店でも門前払いされたことがあった。

このクルアーンという書物を大切にする感覚は、程度の差はあれ全てのムスリムに共通するものである。「イスラーム・オンライン」という英語のインターネット・サイトがある。時折のぞいて見るのだが、若者が寄せるイスラームに関する相談コーナーが特に興味深い。それにムスリムの宗教学者が答える、というものである。

ハディージャという女性がこう質問した。「クルアーンの句を含んでいる不用になった紙片をリサイクル用ごみ箱に捨ててよいのでしょうか？」彼女の場合は出身地が書かれていないためよく分からないが、英語でこのような質問をしているところを見ると、どこかの英語圏の国で生活していると推測される。このサイトにはそういう人のアクセスが多い。

さてこの質問に対する宗教学者からの答えはこうである。

慈愛あまねく慈悲深きアッラーの御名において
全ての賞賛と感謝はアッラーへ、その使徒（＝ムハンマド）**に平安と祝福あれ**

クルアーンの句を含む紙を処理するために機械を用いることは何も悪くありません。これはシュレッダーやリサイクルなどのことです。してはならないことは、クルアーンを不潔な場所に入れることです。なぜならばアッラーはクルアーンについてこう言っているからです。

（それは）尊く敬虔で正しい書記たちの手で（書かれ）、**清く聖なる状態にあって、**（強い）**尊敬と高い**（尊厳が）**与えられるべき書き物となっている。**（第80「眉をひそめて」章13—16節[*]）

クルアーンを扱う時には、きれいな紙と手を用いる必要があることが、これらの句から極めて明白なのです。

（＊HPでは「第10章13節」となっているが、正しくは右記の通り）

ここからいかにムスリムが、少しでもクルアーンが書かれた紙の取り扱いに気をつけているか、そして同時に、リサイクルという現代的要請に反することなく自分たちの信仰を追求しようとしているか、ということがうかがえよう。

今なお、クルアーンは強固な信仰の対象なのである。

本書ではこの聖なる書物を考えるにあたって、ユダヤ教・キリスト教の聖書と、「天の書」を登場させることにした。これらはクルアーンに関係するとされる「書物《キターブ》」で、それぞれ第二章・第三章となる。

第二章ではクルアーンが聖書をどう認識し、描いているのかに焦点を当てる。よってアブラハムやモーセ、イエスといった日本では聖書の登場人物として知られている人々が、イスラームの預言者として立ち現れてくる。そして彼らに与えられた聖書とクルアーンとの関係を明らかにしていきたい。そのなかから、ユダヤ教・キリスト教とイスラームとの間に横たわる、越えることの難しい溝についても明らかになるだろう。

第三章では、クルアーンが天上界の神話のなかに組み込まれて認識されていることに焦点を当てる。クルアーンはその原型として「天の書」を持つとされる。この「天の書」概念は、クルアーンの聖典としての正統性を支える基盤となっている。その構造を神の言葉の啓示という現象を通して明らかにしていきたい。

だがこれらを理解するためには、まずクルアーンに関する基礎知識がなくてはならないだろう。これを第一章とする。筆者の体験なども織り交ぜながら、クルアーンについて概説的に語っていきたい。

そして第四章だが、これは他の章とは趣が異なる。日本人とクルアーンとがどのように関わってきたのかについて、七つのクルアーン日本語訳を通して考えていきたい。特に戦前の日本人が今の我々とは全く異なる関係をクルアーンと切り結んでいたことが明らかになるだろう。

これらを通じて、クルアーンという聖典を少しでも身近に感じていただければと思っている。

《凡例》

＊本書は二〇〇四年に講談社現代新書として刊行された『聖典「クルアーン」の思想』を増補改訂の上、文庫化したものである。

＊アラビア語の表記について。読者の便宜を考えて、日本語のなかですでに定着しているものを用いるように努めた。例えばアラビア語の「イーサー」ではなく「イエス」、「マッカ」ではなく「メッカ」とした（ただし初出時に併記している）。

＊ただ一点、「クルアーン」だけは筆者のこだわりを貫かせていただいた。「コーラン」ではなく、原音に近い「クルアーン」としている。その理由はこうである。昨今でもこちらの表記が現れているし、また英語圏でも同様の動きがある（Koran ではなく Qur'an と表記する傾向が強い）。また初版から二十年が経ち、教科書などでも「クルアーン」の表記が増えつつあるからでもある。

＊暦に関してはヒジュラ暦（イスラーム暦）ではなく西暦を用いている。

＊クルアーンの訳について。底本としていわゆる「標準エジプト版」を用いた。引用した時の訳は全て拙訳ではあるが、多くの日本語訳を参照させていただいた。また、会話などの「　」や傍点、太字、挿入注は原文にはない。読者に分かりやすいように付したものである。

＊図や写真は初版のままのものもあるが、適宜更新し、また追加している。

目次

第三章　「天の書」とクルアーン　145

第四章　日本人とクルアーン　215

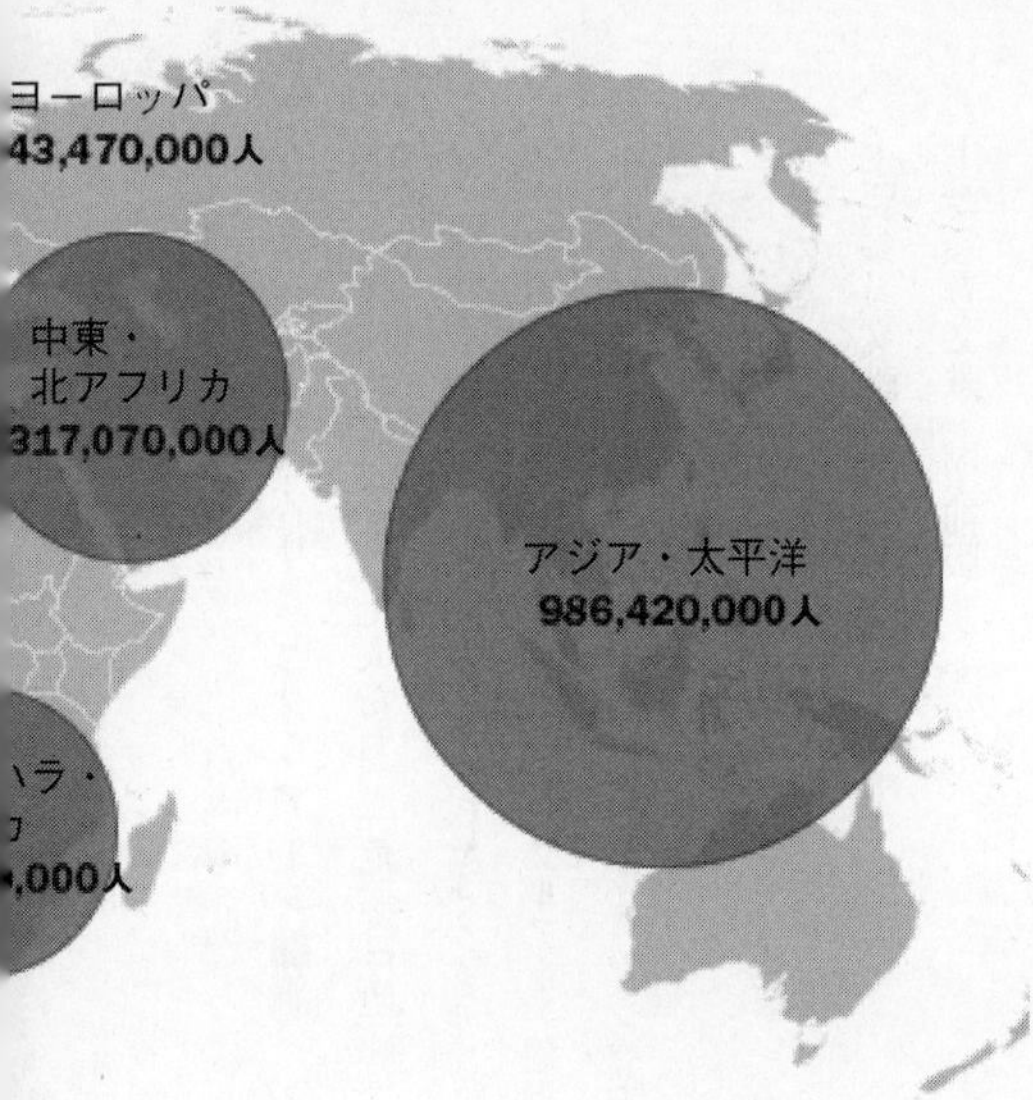

Population More Widespread Than You Might Think" より）

世界のムスリム分布地図（2010 年）

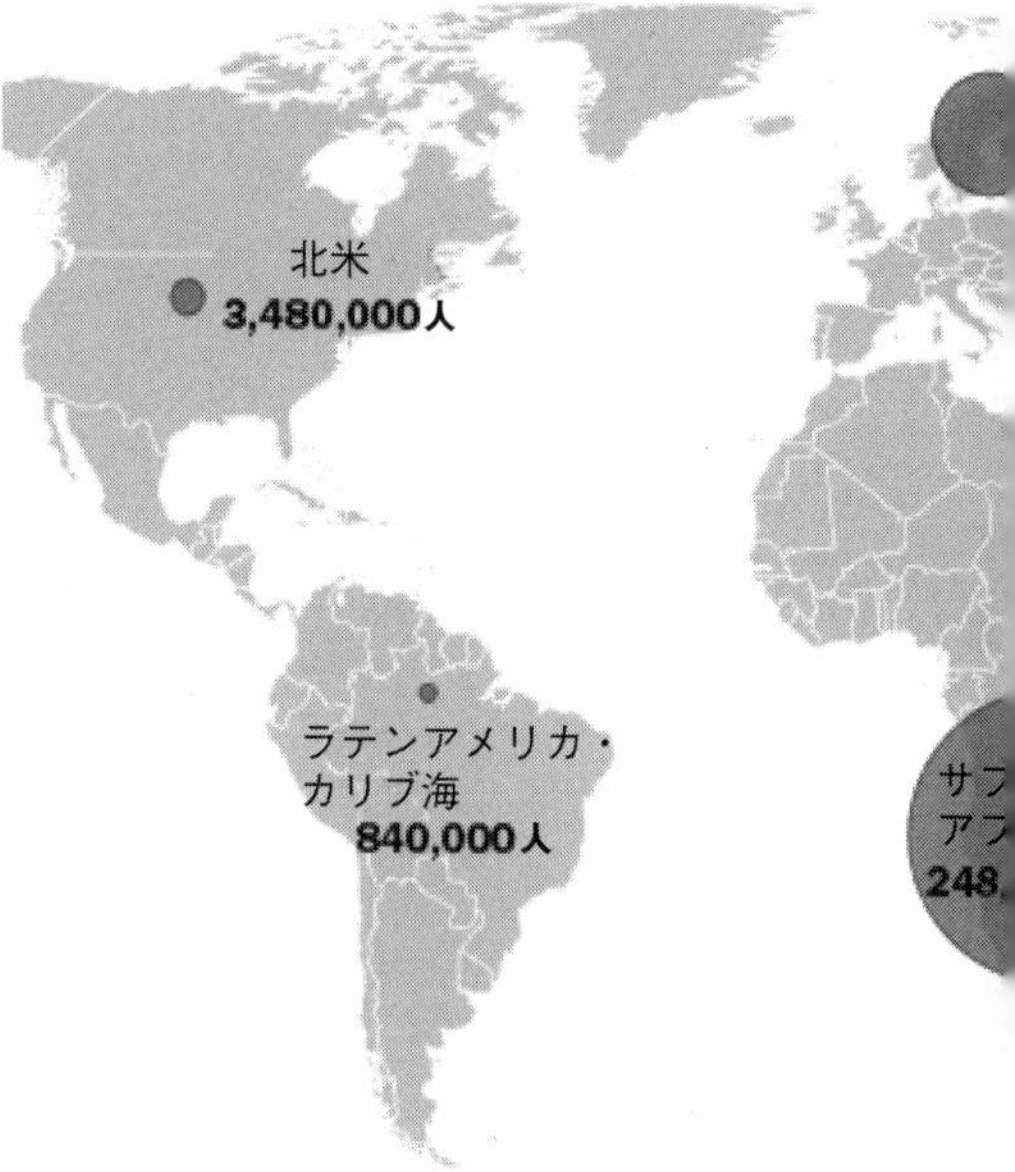

2010 年の地域別ムスリム人口割合

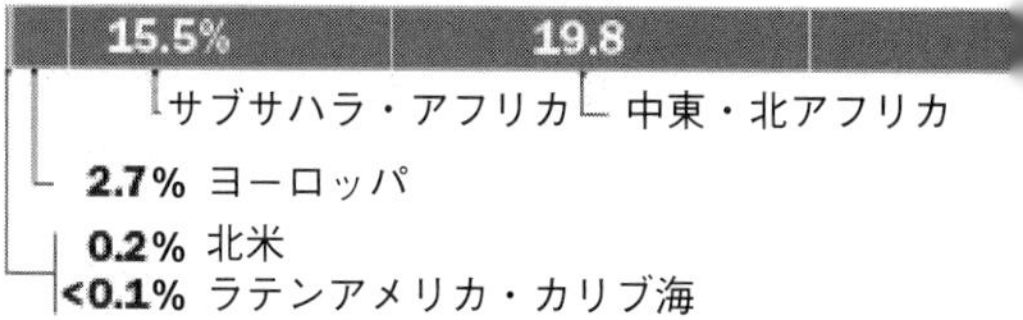

（ピューリサーチセンター Pew Research Center, “World Mu

増補　聖典クルアーンの思想

第一章　クルアーンとはいかなる聖典なのか？

アズハル・モスク（カイロ）でクルアーンを
誦む人（筆者撮影）

「コーラン」、アラビア語の発音により近づけるなら「クルアーン」、これは一体どのような聖典なのだろうか？

何よりもその特徴と言えるのは、神の言葉そのものの記録だとされている点であろう。もちろん、ムスリムによってそう信じられているということである。よってクルアーンの書物そのものも、大切に扱われる。

ヨルダン人の友人に、子どもの頃クルアーン読誦《どくしょう》大会で優勝した若者がいる。彼は大人になった今でも頼まれて、生まれた村のモスクで朗誦《ろうしょう》することもあるらしいが、普段はごく普通の勤め人である。その彼がクルアーンの研究をしている筆者にこう言ったことがある。

「クルアーンを手に取る時は、できればスカーフをかぶって欲しい。もちろんあなた次第ではあるけれど、アッラーへの敬意を示すという意味だから。僕は読誦する時はいつも、まず手をきれいにしてクルアーンを手に取る。そして口づけし額に当て、悪魔祓《ばら》いの句（イスティアーザ）を唱える。それから読誦するんだ」

この「悪魔祓いの句」とは、具体的には「私は呪わしい悪魔から逃れてアッラーにお縋《すが》り申し上げます」という祈禱《きとう》句である。これは第16章98節の「**汝がクルアーンを読誦する時は、呪わしい悪魔から逃れてアッラーに縋りなさい**」という指示に基づいている。よってクルアーン読誦の前に唱えられることが多い。解釈書などによれば、読誦の前に身や心を清め、心の集中を高める目的があるとも言われる。

またテレビなどで、いわゆる「自爆テロ」におもむく直前に撮られたビデオ映像を見たことはないだろうか。筆者が目にした映像では、若いパレスチナ青年が銃を撃つしぐさの後、クルアーンに口づけし額に当てる動作を繰り返していた。言うまでもなく、銃とクル

さまざまな形のクルアーン刊本。カイロ下町のモスク脇の屋台（筆者撮影）

「自爆テロ」におもむく女性（AP/WWP）

アーンは、彼のそれからの行動が「ジハード（聖戦）」であることを示すシンボルである。

同時にクルアーンはムスリムにとって身近な存在でもある。常に持ち歩き、傍に置く人も少なくない。携帯用のミニサイズのクルアーンも売られている。店のカウンターに無造作に置かれているのもよく目にする光景で、店番の人は暇になるとブツブツ誦《よ》み始める。客待ちのタクシー運転手にも同じような人がいる。家のなかでも、大切に書見台に置かれている場合もあれば、すぐに手に取ることができる場所にポンと置かれている場合もある。テレビを見れば宗教チャンネルでクルアーンの読誦が行われ、その字句が画面に流れていたりもする。このようにクルアーンは、ムスリムにとって大切であるが身近な存在だ、と言うことができるだろう。

ではクルアーンには何が書かれているのだろうか？　どういう背景のなかで誕生したのであろうか？　そして日常生活のなかで、人々はどのように用いているのだろうか？　この三つの点を中心にこの章では明らかにしていきたい。

1　クルアーン誕生の経緯　アッラーの啓示から書物へ

商人ムハンマド

クルアーンを知るには、ムハンマド自身についてもある程度の知識がなくてはならないだろう。彼は「マホメット」と呼ばれていたこともあった。英語でもかつては"Mahomet"などと表記されており、日本語もこれに従っていたのであろう。「ムハンマド」は原音(Muḥammad)により近いものである。

ムハンマドはアラビア半島、現在はサウジアラビア王国にある、メッカ（マッカ）で生まれた。西暦五七〇年頃のことである。日本では「聖徳太子」（厩戸王《うまやとおう》）が五七四年頃に生まれている。日本での聖徳太子への関心や人気は根強いものがあるが、行動規範としてとらえている人は多くはないだろう。だがムスリムにとってムハンマドは、今でも見習うべき理想の人物である。つまり、常に約一四〇〇年もの過去に視線が向けられる社会であると言えよう。

ムハンマドに関する情報は主にイスラームの伝承に頼るしかないが、それらによれば以

ムハンマド関連年表

	ムハンマド	（参考）日本・中国
570 頃	誕生（メッカにて）	
574 頃		「聖徳太子」誕生
589		隋（－ 618）
595 頃	結婚（ハディージャと）	
604		憲法十七条
610 頃	初めての啓示	
618		唐（－ 907）
622	ヒジュラ（メディナへ聖遷）	聖徳太子死去
624	バドルの戦い	
625	ウフドの戦い	
627	ハンダク（塹壕）の戦い	
628	フダイビーヤの和議	
630	メッカ征服	遣唐使の始まり
632	死去	

ムハンマドをめぐる人物の相関図

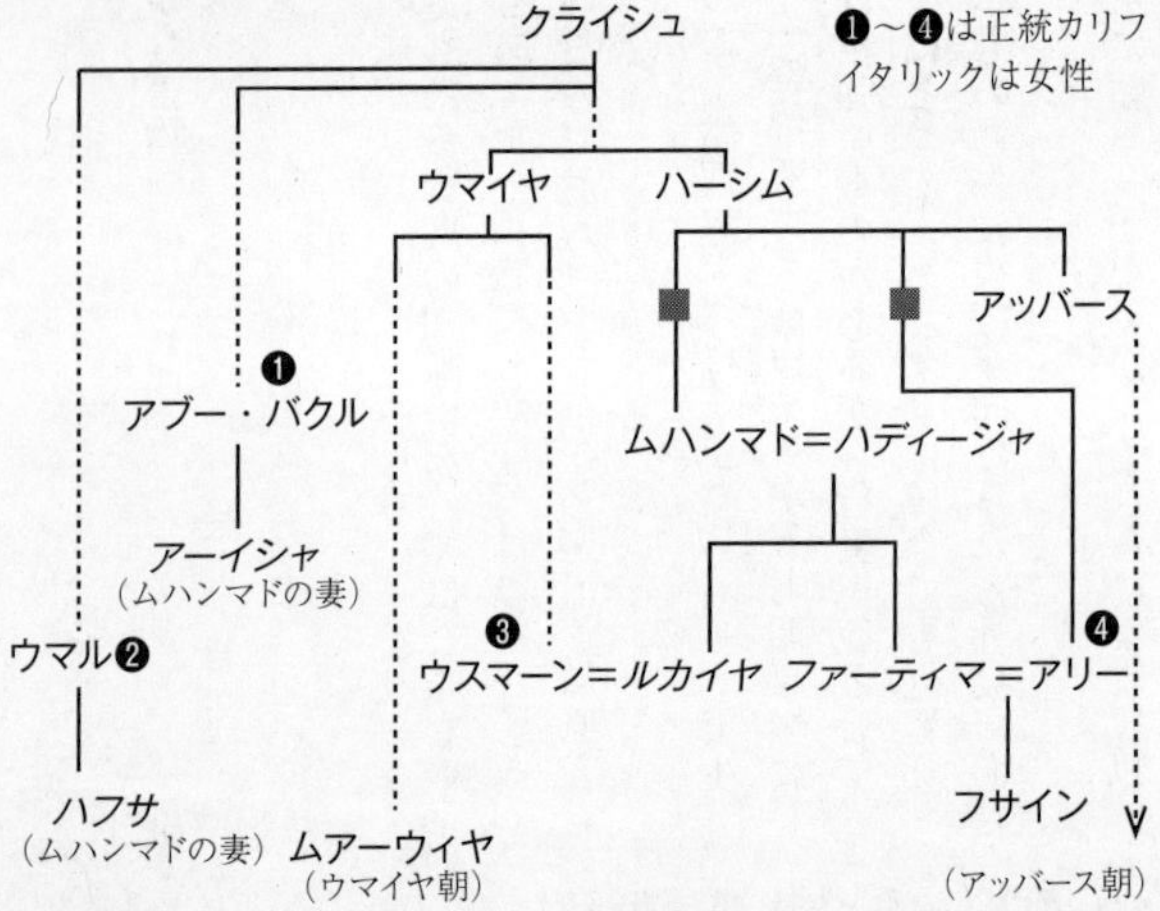

下のような生涯であったという。

ムハンマドの出自は当時メッカを支配していたクライシュ族で、血筋は良い。だが彼は孤児であった。父親は彼が母の胎内にいる時に死亡し、母親も彼が六歳の頃に死亡した。よって祖父アブドゥルムッタリブや伯父アブー・ターリブの保護下で育った。長じてはシリアへの隊商貿易に従事する商人となり、二五歳の頃に一五歳ほど年上の裕福な女性商人ハディージャと結婚している。その間に二人の息子と四人の娘が生まれたが、男の子は二人とも夭折《ようせつ》した。

ムハンマドは多くの妻を娶《めと》ったことで知られているが、ハディージャが亡くなるまでは、彼女とのみ婚姻関係にあった。ハディージャは今でもムスリム女性の理想と考えられている。本書の「初版はじめに」で登場した女性は同じ名を付けられている。自立したビジネス・ウーマンであったハディージャは、ムスリム女性の社会的自立のモデルととらえられることもある。

クルアーンで商売に関係する句が多いのは、メッカでは商業が盛んで、かつムハンマドがその経験を積んでいたことによる。例えば次のような句がある。

計量する時は量目を十分にしなさい。また正しい秤《はかり》で計りなさい。それがより立派であり、良い結果となる。（第17章35節）

啓示の始まり

ムハンマドは四〇歳の頃、メッカ郊外のヒラー山の洞窟で瞑想を始めるようになる。メッカでの商人どうしの熾烈《しれつ》な争いに倦《う》んだとも言われる。当時のメッカは牧畜・遊牧的経済から商業経済への移行期にあり、物質主義的・個人主義的風潮が強まっていた。そしてムハンマドはその洞窟で啓示体験を得る。これがアッラーの啓示の始まりとされる。その時与えられた最初の句が、次のものと言われる。

誦め、「創造主である主の御名において。彼は一凝血から人間を創造された」と。誦め、「汝の主である最も寛容な御方は、筆や知らないことについて人間に教えた」と。

（第96章1-5節）

「凝血」とは胎児のことだとも言われる。この句が述べているのは、知識も知恵もなくちっぽけな存在であった人間が、アッラーという絶対的な神によってこそ創造され、成長したということである。そういう意味で最初の啓示とされるに適した内容だと言えるのかもしれない。

啓示が下された状況に関して、ハディース（ムハンマドの言行録）集である二つの『サヒーフ（真正集）』に伝承がいくつも収められている。「ハディース」とはムハンマドの言行を伝える伝承のことで、クルアーンに次いで権威を持つ。ブハーリー（八七〇年没）の編纂した『サヒーフ』とムスリム・イブン・ハッジャージュ（八七五年没、以下「ムスリム」）の編纂した『サヒーフ』の二つが、スンナ派のなかで最も権威を認められている。二つとも同じ題なので、併せて『両サヒーフ』と呼ばれることもある。

ブハーリーが伝えるハディースによれば、この第96章の句が下された経緯は次のようなものだったという。ムハンマドはヒラー山の洞窟に一定期間こもって礼拝に没頭するようになる。ある時、天使がやって来て、「誦め」と命じるが、彼は「私は誦めません」と拒《こば》む。しかし最終的に彼は天使の命令に従い、この第96章の句を口にした、と。

この「誦め」はアッラーが、ガブリエル（ジブリール）を仲介としてムハンマドに語りかけている言葉である。ここでアッラーは「我（一人称）」、ムハンマドは「汝（二人称）」である。本書ではこれから多くのクルアーンの句を引用することになるが、独特な人称用法が見られるので少し説明しておきたい。

アッラーは「我々」と複数形で自称することが多い。一見、唯一神であることに反するようにも思われるが、単数形の「我」をより強調したためだとされる。またこの場合、語りかけられる対象のムハンマドは「汝《なんじ》」となる。このような言葉が彼の口から発された時、周囲から見ると、まるで何かに憑依《ひょうい》されたようだったであろう。

ムハンマド時代の関連地図

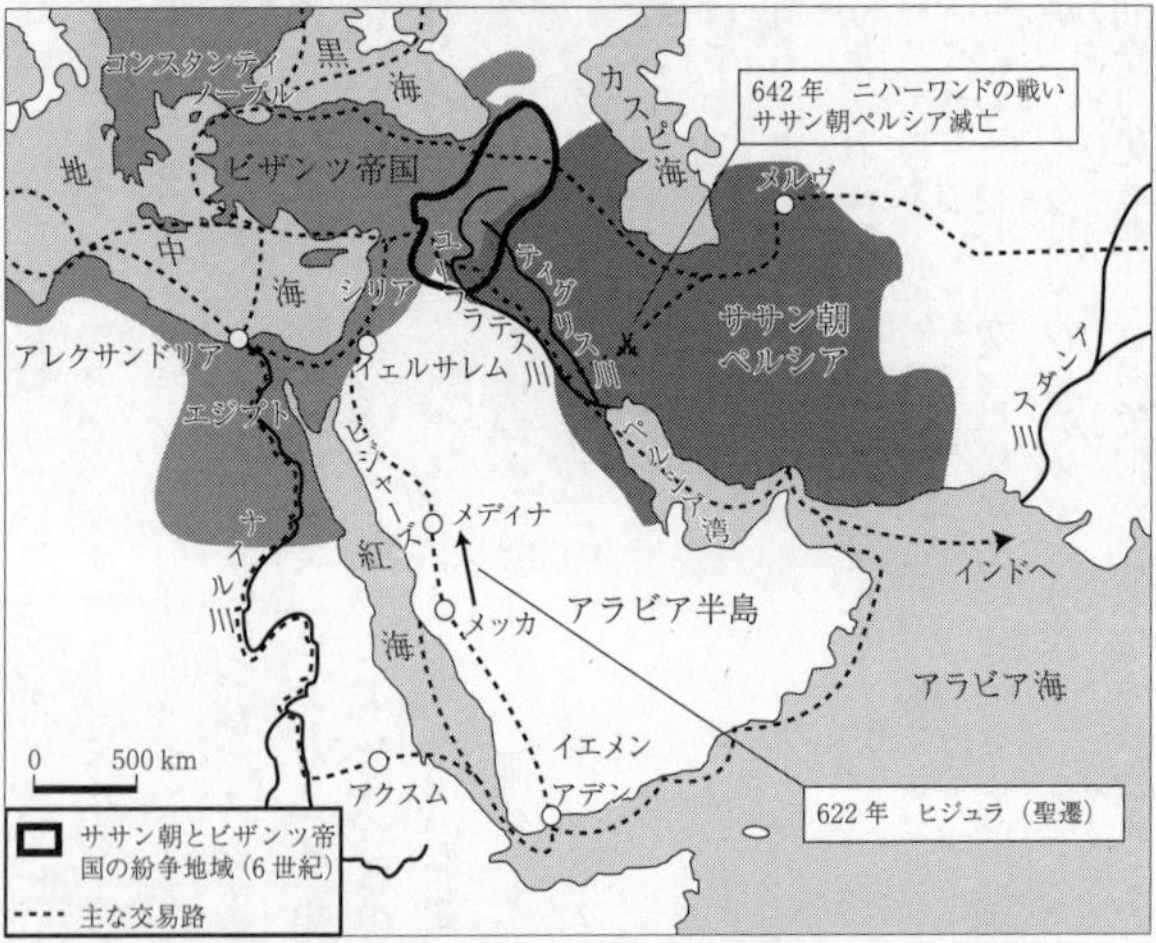

また、クルアーンではこの「我々—汝」という「一人称—二人称」関係の語り口だけでなく、アッラーのことを「彼」という三人称で呼ぶ場合が見られる。その時、ムハンマドは「私」となり、まるでムハンマドがアッラーについて描写しているようにも聞こえる。しかし当然ながらこれらの句がムハンマドの言葉だと解釈されることはなく、アッラーによってそう口にするよう命じられての結果であり、それらもアッラーの言葉そのものだとされる。このように分かりづらいことが多いので、これからのクルアーン引用箇所では、両者の関係が分かりやすいように適宜補っておくことにする。

さて、初めて啓示が下されたこの時、ムハンマドはこの体験が何なのか的確に理解することができなかった。無理もないことである。自ら切り立った岩山から身投げしようかと思ったほど悩み苦しんだとも伝えられる。だが彼に理解を示し、励まして支えたのが賢妻のハディージャであった（彼女は最初にイスラームの教えを受け入れたとされる）。

ハディージャは自分の従兄弟、ワラカ・イブン・ナウファルのもとにムハンマドを連れて行った。彼はキリスト教徒で、聖書の知識も持っていたとされる。そしてムハンマドに、その体験はモーセと同じもので、天使はガブリエルだ、と教え諭《さと》したと伝えられている。こうしてムハンマドは自分が預言者であることを徐々に受け入れることができるようになったようである。

また、クルアーンの次の句は、ムハンマドが啓示を受けている時の心象風景を描いていると考えられている。啓示体験を描いているものなので、極めて意味が分かりにくい句であるが、そのようなものとして読んでみて欲しい。このなかの「強い力の持ち主」がガブリエルで、ムハンマドのもとにやって来たと通常は解釈される。

彼は願望を述べているのではない。それは与えられた啓示に他ならない。彼に教えたのは、強い力の持ち主。力ある者〔が教えたの〕**である。そして彼は等しくなり、極めて高い地平線にいる。そして彼は降りて来て近づく、弓二つの近さか、もっと近くに。**

そして、しもべに啓示したものを啓示した。心は見たものを偽らない。（第53章3－11節）

こういったイスラームの「啓示」や「預言者」という概念をつかみにくい場合もあるかもしれない。だが日本の宗教文化のなかにも、目に見えない存在から言葉を預かる宗教者の伝統がある。恐山のイタコ、沖縄や奄美大島のユタである。また大本教の教祖出口なおの『おふでさき』などが思い浮かぶであろう。筆者も奄美大島のユタにインタビューした際、ムハンマドのことを説明すると、共通性を感じるという返答を得たことがある。

ヒジュラ（聖遷）

こうして啓示は断続的に下ったが、その内容は当時の社会状況と対峙《たいじ》するものであった。多神崇拝や偶像崇拝を否定し、アッラーのみを信じること、絶対的存在であるアッラーの前で人間が平等であることなどが説かれた。このメッセージは当時の社会に対する批判であり、特にムハンマドの出身部族であるクライシュ族といった支配者層から反発を受けた。彼と周辺の信者たちはメッカで迫害を受けることになる。
啓示のなかにはムハンマドを迫害した人物アブー・ラハブ（ムハンマドの伯父）への怒りが表明されている句がある。

アブー・ラハブの両手は滅びろ、彼も滅びろ。
その富も、儲けも全く役に立たない。
彼は焼かれる、炎（ラハブ）の業火《ごうか》で。
妻は運ぶ、そのための薪《たきぎ》を。
首には棕櫚《しゅろ》の、荒縄かけられ。（第111章1－5節）

強烈なイメージの句である。アブー・ラハブ（「炎の父」という意味のあだ名）は、自分の妻の運んだ薪によって地獄の業火で焼かれるとまで罵《ののし》られている。さらにアラビア語の原文を聞くと、畳み掛けるようなリズムで不吉な雰囲気が醸《かも》し出されている。このようにクルアーンの句の多くは、ムハンマドの当時の生活状況を反映した内容である。

さて、メッカでの迫害を逃れるため、六二二年、ついにムハンマドはメッカの北方にあった町ヤスリブ、現在のメディナ（マディーナ）に移住する。これが「ヒジュラ（聖遷）」と呼ばれるイスラームにとって重要な出来事である。この町にはユダヤ教徒が多く、主たる一一氏族のうち三氏族がそうだった。当時、氏族間で激しい対立・戦闘があり、人々は疲弊していた。そこでムハンマドは、その調停者として請われて移住することになったのであった。ここで彼は統治者となり、イスラーム共同体が確立していく。

また、ムスリムの暦である「ヒジュラ暦」はこの年を元年としている。このヒジュラの

ヒジュラ暦

	月名	参考
1月	ムハッラム	10日フサイン殉教際（シーア派）
2月	サファル	
3月	ラビーウ・アウワル	12日ムハンマド生誕祭
4月	ラビーウ・サーニー	
5月	ジュマーダー・ウーラー	
6月	ジュマーダー・アーヒラ	
7月	ラジャブ	27日ムハンマド夜の旅と昇天
8月	シャアバーン	15日「中間日の夜」（＝「悔い改めの夜・赦しの夜」）
9月	ラマダーン	断食月/下旬（27日頃）「カドルの夜」
10月	シャウワール	1日断食明け祭
11月	ズー・アル＝カアダ	
12月	ズー・アル＝ヒッジャ	8〜12日巡礼/10日犠牲祭

太陰暦。1年は354または355日。毎年10〜12日ほど太陽暦より早まり、季節と月はずれる。ただし公的な場では西暦が用いられている。

年がイスラームの暦の元年であるということは、共同体の出発点という意味を持つ。そしてこの暦が現在に至るまで世界中のムスリムに用いられている。ここにムスリムの共同体意識が強い理由のひとつがうかがえよう。

メッカ征服

さて、ムハンマドはメディナに移住後、共同体の確立に努めたが、メッカの人々からの攻撃も続いた。バドルの戦い、ウフドの戦い、ハンダク（塹壕）の戦い、フダイビーヤの和議などを経て、彼は最終的にメッカを征服する。これらの戦いの時期に下された啓示もクルアーンのなかに含まれている。

聖なる月が過ぎたなら、多神教徒を見つけ次第、殺せ。捕えよ。拘束せよ。あらゆる場所で待ち伏せせよ。だが彼らが悔い改め、礼拝を行い、喜捨《きしや》するならば、放免してやれ。実にアッラーは寛容で慈悲深き御方である。（第9章5節）

これは「剣の句」とも呼ばれる。六二八年にムハンマドとメッカの人々との間に「フダイビーヤの和議」が結ばれた。だが後にメッカの人々によって破られ、その時にこの句が下されたとされる。よって「多神教徒」とはメッカの人々のことである。この句を見るとイスラームは好戦的な宗教と言うことができるかもしれない。当時は同害報復（「目には目を」）が基本の社会でもあり、少なくとも右頰を打たれて左頰をも差し出す（新約聖書「マタイによる福音書」第5章39節）という価値観を持っていたとは言えないだろう。

だがこれらの「好戦的な」句をよく読んでみると、必ず限定が付いていることに気づく。前述の第9章5節の後半も、敵対者がイスラームに帰依すれば許すと述べている。「目には目を、鼻には鼻を、耳には耳を、歯には歯を」（第5章45節）というハンムラビ法典や聖書の言葉を思わせる句も、実は続いて「**しかしそれを控えるならば、自分の罪の償いとなる**」と述べ、報復を抑制している。

クルアーンには先制攻撃を認めず、自衛として戦うことを命じる句もある。

汝に戦いを仕掛ける者に対しては、アッラーの道のために戦え。だが度を越してはならない。実にアッラーは度を越した者を好まれない。（第2章190節）

この句でも後半は、度を越しての戦いを戒めている。イスラームは理由も分別もなく戦いを奨励しているわけではない、と言うことはできるだろう。このようにムハンマドはいくつもの戦いを経た後、六三〇年に出身地のメッカに入り、無血で征服、カアバ聖殿の偶像を破壊した。多くの部族が彼と盟約を結ぶために使節を送り、アラビア半島の大半が支配下に入った。そして六三二年に成功者として――と言ってよいだろう――亡くなったのであった。

スンナ派とシーア派の相違

ムハンマドの死後、カリフ（後継者）が選出され、共同体を導き、イスラーム圏を急激に拡大させた。正統カリフは四人、第一代目がアブー・バクル（在六三二～三四）で、その後ウマル（在六三四～四四）、ウスマーン（在六四四～五六）、アリー（在六五六～六一）と続いた。最初の三人の頃にムスリム軍はシリア・イラク・エジプト・ペルシア（イラン）・北アフリカと征服していく。特に六四二年のニハーワンドの戦いは、サーサーン朝ペルシア軍に勝利しイラン征服を決めた有名な戦闘である。イスラームはその最初期にお

イスラーム地域の拡大（7～9 世紀）

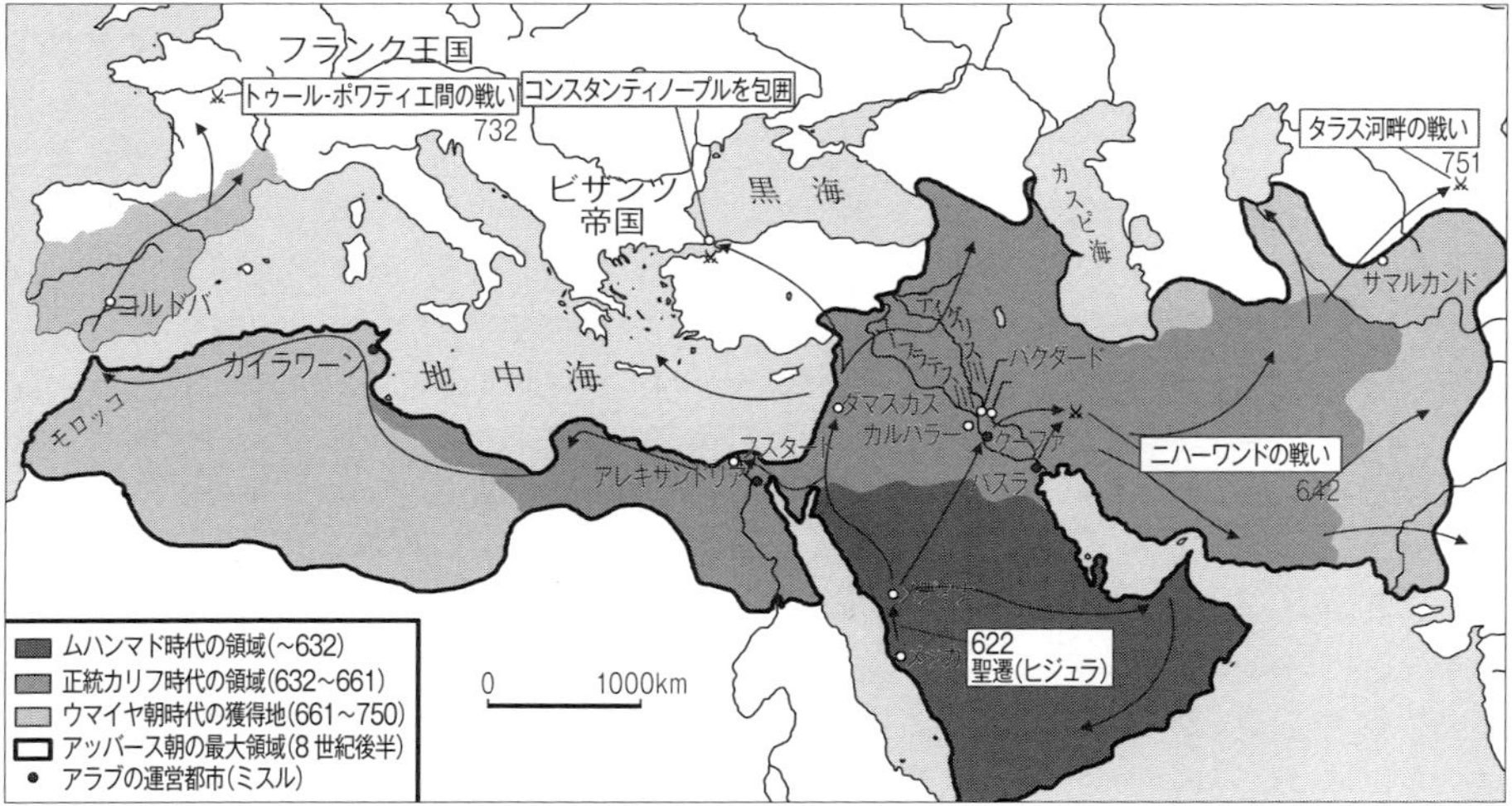
フランク王国
トゥール-ポワティエ間の戦い
732
コンスタンティノープルを包囲
ビザンツ帝国
黒海
カスピ海
タラス河畔の戦い
751
サマルカンド
コルドバ
カイラワーン
モロッコ
地中海
ダマスカス
カルバラー
クーファ
バグダード
バスラ
フスタート
アレキサンドリア
ニハーワンドの戦い
642
メッカ
622
聖遷(ヒジュラ)
ムハンマド時代の領域(～632)
正統カリフ時代の領域(632～661)
ウマイヤ朝時代の獲得地(661～750)
アッバース朝の最大領域(8 世紀後半)
アラブの運営都市(ミスル)
0
1000km

いて、戦いによる勝利の記憶を埋め込まれていると言えるだろう。

　ただし、この正統カリフ観はスンナ派のものである。大半のシーア派はこの四人のうち最初の三人を後継者として認めず、ムハンマドの従兄弟であり女婿であるアリーのみを後継者として認めている。これは共同体の指導者としてムハンマドの血脈であることを重視する態度である。アリーの死後、ウマイヤ朝（六六一〜七五〇）がイスラーム共同体の覇権を奪った。だが多くのシーア派の見解ではアリーが初代のイマーム（共同体の指導者）であり、彼の息子たちが正統な後継者としてイマーム位を受け継いでいったことになっている。スンナ派とシーア派との相違の根源は、この共同体指導者の選択方法にある。

「シーア派」という名称はもともと「アリーの党派（シーア・アリー）」であったが、後に「シーア（党派）」のみで呼ばれるようになった。また、対する主流派の「スンナ派（スンニー派）」の正式名称は「スンナとジャマーアの民《たみ》」である。その意味するところは「預言者ムハンマドの慣行（スンナ）と正統な共同体（ジャマーア）の人々」であり、この二つの事柄を特に重視する態度を取っている。

「シーア派」は現在ムスリム全体の約一割を占め、さらにいくつかの派に分かれている。そのなかで最も多いのが一二イマーム派（イマームが一二人いると考えるのでこう呼ばれる）である。一九七九年のホメイニーを中心とするイラン革命以降、この派の教えがイランの国教的地位にある。だが、この一二イマーム派に属するのはペルシア系の人々のみではない。レバノンやイラク南部などにアラブ人の一二イマーム派信徒が居住している。特にイラク南部はシーア派ムスリムにとって重要な土地である。アリーの廟《びょう》があるナジャフや、彼の息子で第三代イマーム・フサインの殉教地カルバラーがあり、これらは大切な参詣地となっている。

この一二イマーム派以外には、スンナ派に近い教義を持ちイエメンに多いザイド派、オマーンや北アフリカに信徒がいる穏健なイバード派、パキスタンやインドに多く住むイスマーイール派などがある。イスマーイール派は一二イマーム派の次に人口が多いとされ、中世に深遠な哲学的思想体系を構築したほか、そのなかのニザール派イマームであるアーガー・ハーン四世が現在も広く文化社会活動を行っていることでも知られている。

2　クルアーンの構成と内容

クルアーンはいかに編纂されたか

ムハンマドの人生の後半、啓示は断続的に下り続け、彼やその周辺の人々の記憶や断片的記録によって保持された。よって啓示の内容は彼の意識の変遷を反映したものでもある。これについては後ほど論じることにして、まずは、アッラーの啓示が書物としてまとめられるまでの経緯をごく簡単に見ていこう（書物となったクルアーンは「ムスハフ」と呼ばれるが、ここでは混乱を避けるためクルアーンと表記する）。

クルアーンの結集に関しては資料の乏しさもあり、研究者の間でも見解が完全には一致していない。ここではムスリムの伝承による見解を示していきたい。確かに研究者のなかには、この経緯に対して真っ向から否定する者もいる。だがそれは研究者間の見解の主流とはなっておらず、ムスリムの見解に概《おおむ》ね賛同する立場を取る者が多い。

ムスリムたちはクルアーンの編纂に関してこう考えている。ムハンマドの生前には、啓示された言葉は周囲の人々の記憶や、ナツメヤシの葉、石、動物の骨や皮などに断片的に記録されていた。当時のアラビア半島では詩作が盛んで、人々は多くの詩を暗誦しており、極めて記憶力に優れていたとも言われる。これは口承社会に共通する特徴である。その一方で、ムハンマドの周辺に書記たちが存在していたとも伝えられている。

そしてムハンマドの死後、いくつかの戦闘が起こり、クルアーンの暗誦者が多く死亡したとされる。よってクルアーンの記憶の保持に危機感が持たれ、書きとめておく必要が生じた。そこで初代カリフのアブー・バクルと三代目のウスマーンが編纂を指示し、現在の構成の本に近づいたとされる。今のクルアーン刊本を見ると「ウスマーン本」という記述があり、このような編纂経緯を経た正統なものだと考えられている。

ちなみにこのクルアーン編纂の時期は、日本で言うと古事記や日本書紀が編纂された時期に近い。古事記は太安万侶《おおのやすまろ》、日本書紀は舎人《とねり》親王によって編纂され、それぞれ七一二年と七二〇年に当時の天皇に献上されたとされる。

もし日本でもこれらの記紀が、現在に至るまで途絶えることなく信仰信条や生活規範の指針であり続けてきたとしたら、どうだろうか。現代人の発想のあり方も大きく異なったものになったであろう。日本人が最初に書き記した自己認識の「歴史書」に触れ続けることで、時として原理原則主義に陥ったかもしれない。また反対に、豊かな解釈作業を施すことによって、現代的な価値観を読み込みながらも原点を忘れないという絶妙なバランス感覚を体現し得たかもしれない。絶対的聖典を否定することができない社会は、まるで振

明治学院大学図書館所蔵のクルアーン写本（18 世紀）

り子のようだ。それが今のイスラーム世界の状況であると言えるのではないだろうか。

さて、クルアーンの編纂の後、アラビア語の正字法や書記・製本技術の発展などによって、美しいクルアーンの写本が多く生み出された。流麗な文字がアラベスク文様で縁を飾られ、金や赤、青、緑といった原色の色彩に満ちた写本はため息が出るほど魅惑的である。偶像崇拝禁止の教えによって、芸術的情熱が絵画や彫刻ではなく文字や文様の精緻《せいち》化《か》に向けられたのであろう。字体もクーフィー体やムハッカク体、マグリビー体など地域や時代によってさまざまなものが見られる。

クルアーンが初めて印刷されたのは二〇世紀初期のエジプトで、当時の国王ファード一世の命によって一九二三年に発行されている。これがいわゆる「標準エジプト版」で、現在最も広く用いられている。ただモロッコでは読み方の異なる版が今も印刷され流布している。

現在書店で目にするクルアーンが金色を多用する豪華絢爛な装丁なのは、写本のイメージを引き継いで印刷されているためであろう。そしてそれはアッラーの言葉を飾るという意識に基づいていることは言うまでもない。また、クルアーンのデジタル化も急速に進んでいる。歴史上、口承であったクルアーンを書承の書物にする際や、写本を印刷本にする際に生じた抵抗のことを思うと、この移行の速さは驚くほどである。ただ、デジタル化は本来ある意味で、クルアーンの本来の姿を再現するものであると考えられる。クルアーンは本

アプリ Learn Quran Tajwid。クルアーンの読誦方法を学ぶアプリ。

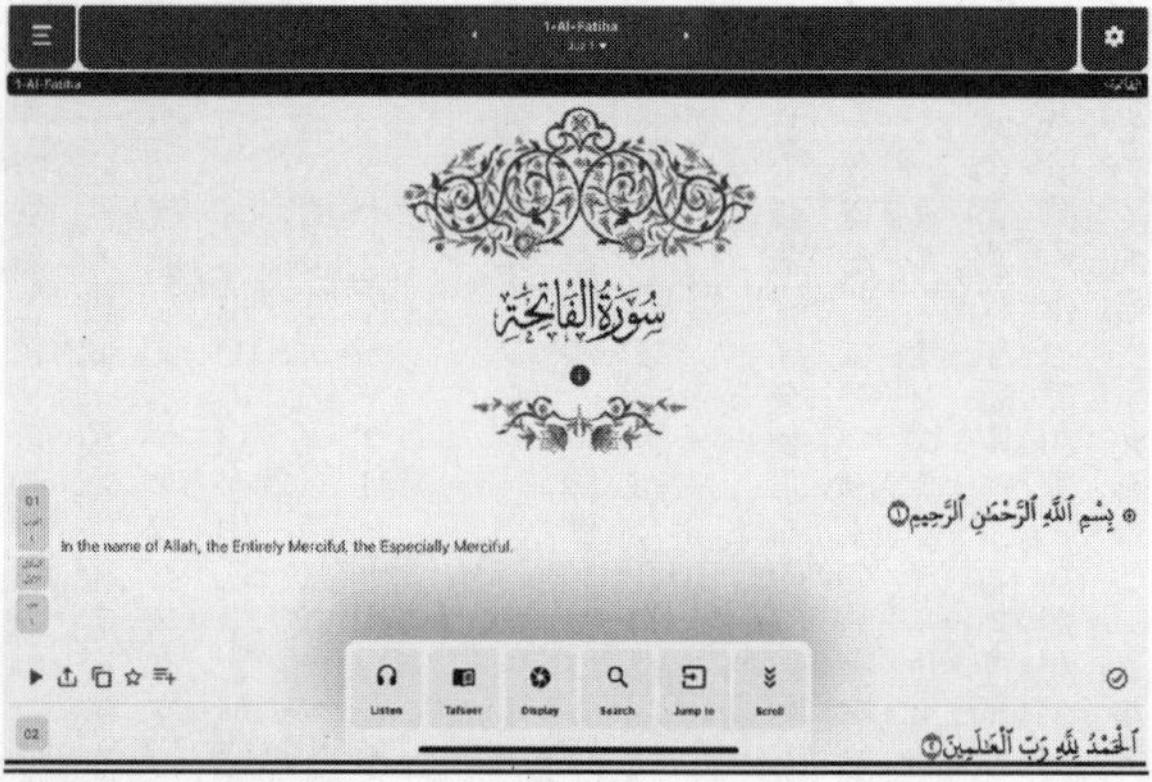

アプリ Quran Kareem。文字を見ながらクルアーン読誦を聞くことができるほか、自分のいる場所の礼拝時間なども教えてくれる。

来、声で伝えられるものであり、書きまとめられたものはその補助的な位置づけであった。デジタル化が進むことで、文字だけでなく読誦の声が再現されるようになっているのである。

イスラームの真髄——ファーティハ章

クルアーンの日本語訳の分量は文庫本三冊程度で（岩波文庫の井筒俊彦訳がそうである）、新約聖書と同じくらいの分量である。だがこれを先頭から予備知識なく読み通すのは簡単ではないかもしれない。クルアーンはアッラーからの断片的な啓示の集成で、物語や歴史書、書簡集ではないからである。

ファーティハ章（現在の刊本より）

章（スーラ）は全部で一一四ある。最初の章「開扉（ファーティハ）」は極めて短く、七つの句からなる。メッカで下されたとされるが、クルアーンを開く意味を込めて例外的に冒頭に置かれたと考えられる。またこの章は「クルアーンの母」や「啓典（キターブ）の母」とも呼ばれ、クルアーン全

	章名	節数	場所		章名	節数	場所
61	戦列	14	メディナ	88	隠蔽	26	メッカ
62	集会	11	メディナ	89	夜明け	30	メッカ
63	偽善者	11	メディナ	90	町	20	メッカ
64	騙し合い	18	メディナ	91	太陽	15	メッカ
65	離婚	12	メディナ	92	夜	21	メッカ
66	禁止	12	メディナ	93	朝	11	メッカ
67	大権	30	メッカ	94	胸を広げて	8	メッカ
68	筆	52	メッカ	95	いちじく	8	メッカ
69	真実の日	52	メッカ	96	凝血	19	メッカ
70	階段	44	メッカ	97	運命	5	メッカ
71	ノア	28	メッカ	98	明証	8	メディナ
72	ジン	28	メッカ	99	地震	8	メディナ
73	衣をかぶる者	20	メッカ	100	疾走する馬	11	メッカ
74	外衣に包まる者	56	メッカ	101	戦慄	11	メッカ
75	復活	40	メッカ	102	張り合い	8	メッカ
76	人間	31	メディナ	103	日が傾く頃	3	メッカ
77	送られるもの	50	メッカ	104	中傷する者	9	メッカ
78	知らせ	40	メッカ	105	象	5	メッカ
79	引き抜く者	46	メッカ	106	クライシュ族	4	メッカ
80	眉をひそめて	42	メッカ	107	慈善	7	メッカ
81	包み隠す	29	メッカ	108	潤沢	3	メッカ
82	裂ける	19	メッカ	109	不信仰者	6	メッカ
83	量りをごまかす者	36	メッカ	110	援助	3	メディナ
84	割れる時	25	メッカ	111	棕櫚	5	メッカ
85	星座	22	メッカ	112	純正	4	メッカ
86	夜の訪問者	17	メッカ	113	黎明	5	メッカ
87	至高なる御方	19	メッカ	114	人々	6	メッカ

（「標準エジプト版」に従った。章名に関しては別名を持つ章もあり、日本語訳も訳者によって異なる場合がある。また節数、啓示の場所に関しても、研究者によって異なる見解が存在する）

クルアーンの全章名・節数・啓示の場所

	章名	節数	場所
1	開扉	7	メッカ
2	雌牛	286	メディナ
3	イムラーン家	200	メディナ
4	女性	176	メディナ
5	食卓	120	メディナ
6	家畜	165	メッカ
7	高壁	206	メッカ
8	戦利品	75	メディナ
9	改悛	129	メディナ
10	ヨナ	109	メッカ
11	フード	123	メッカ
12	ヨセフ	111	メッカ
13	雷	43	メディナ
14	アブラハム	52	メッカ
15	ヒジュル	99	メッカ
16	蜜蜂	128	メッカ
17	夜の旅	111	メッカ
18	洞窟	110	メッカ
19	マリア	98	メッカ
20	ター・ハー	135	メッカ
21	預言者	112	メッカ
22	巡礼	78	メディナ
23	信仰者	118	メッカ
24	光	64	メディナ
25	識別	77	メッカ
26	詩人	227	メッカ
27	蟻	93	メッカ
28	物語	88	メッカ
29	蜘蛛	69	メッカ
30	ローマ	60	メッカ

	章名	節数	場所
31	ルクマーン	34	メッカ
32	跪拝	30	メッカ
33	部族連合	73	メディナ
34	サバア	54	メッカ
35	創造主	45	メッカ
36	ヤー・スィーン	83	メッカ
37	整列する者	182	メッカ
38	サード	88	メッカ
39	集団	75	メッカ
40	赦す御方	85	メッカ
41	解明	54	メッカ
42	協議	53	メッカ
43	装飾	89	メッカ
44	煙	59	メッカ
45	跪く	37	メッカ
46	砂丘	35	メッカ
47	ムハンマド	38	メディナ
48	勝利	29	メディナ
49	部屋	18	メディナ
50	カーフ	45	メッカ
51	撒き散らす	60	メッカ
52	山	49	メッカ
53	星	62	メッカ
54	月	55	メッカ
55	慈愛あまねき御方	78	メディナ
56	出来事	96	メッカ
57	鉄	29	メディナ
58	抗議する女性	22	メディナ
59	集合	24	メディナ
60	試問される女性	13	メディナ

ての章のなかで最も重要視されている。ムスリムが最初に記憶する句であり、日々の礼拝のなかで必ず唱えられる。本書の第四章でこの「ファーティハ」章の日本人によるさまざまな訳を見ていくつもりではあるが、ここでごくごく簡単に説明しておこう（訳によって節番号が異なるが、「標準エジプト版」に従った）。

㈠慈悲あまねく慈悲深きアッラーの御名において
㈡讃えあれ、アッラー、万世の主
㈢慈悲あまねく慈悲深き
㈣審判の日の主宰者
㈤我々はあなたをこそ崇《あが》め、あなたにこそ助けを求めます
㈥我々をまっすぐな道に導いてください
㈦あなたが恵みを与えた人々の道に、あなたの怒りを受けて迷う人々の道ではなく

㈠は「バスマラ」と呼ばれ、現在も何か物事を始める時に口にされる言葉である。次に㈡から㈣でアッラーを讃える言葉が続く。全世界の主であるアッラーは慈悲あまねく慈悲深い存在であり、最後の日になされる審判をつかさどる存在でもある。そのようなアッラーを讃えよ、とある。

さらに㈤ではアッラーへの帰依を表明し、㈥で正しい道に導かれることを願う。最後に㈦でその道について、アッラーの怒りによって迷える者たちの道ではなく、アッラーが恵みを与えた人々の道だと説明が加えられている。つまりこの「道」はアッラーの御心に沿ったものであり、これが「イスラーム（帰依）」なのである。

このように「ファーティハ章」は七つの短い句からなる小さな章である。だが、アッラーの絶対性、慈悲深さ、裁きの厳しさ、そして人間の卑小さ、さらにその人間にはアッラーに帰依するしかないこと、というイスラームの真髄が凝縮されている。

メッカ期とメディナ期の句の違い

さて、続く第2「雌牛」章はクルアーンのなかで最も長く、二八六節からなる。その後、章が後ろに向かうに従って、分量は少なくなるという傾向がある。第3「イムラーン家」章は二〇〇節、第4「女性」章は一七六節である。対して最後の第113「黎明《れいめい》」章と第114「人々」章は五節と六節からなる。これら二章は今でも魔除《まよ》けや病気治療などのための祈禱句として用いられている。前述した、ムハンマドを迫害した伯父アブー・ラハブへの怒りが述べられている第111「棕櫚《しゅろ》」章も短く、五つの節しかない。このように第1章を除けば、クルアーンは大きな流れとして長い章から短い章へと並べられているということになる。これはどういうことなのだろうか？

実は啓示の時期と関係しているのである。番号の若い長い章は、時期としては新しいメディナ期の啓示を含み、番号が大きくなるにつれて時期が古くなり、章も短くなっている。つまりクルアーンは大まかに言って、時代をさかのぼっているのである。

これは我々にとってなじみのある、古い時期から始めて新しい時期に向かっていくという記述方法とは大きく異なる。クルアーンを編纂した時に、自分たちに近い時期の句からまとめられたのではないかとも考えられる。現在を基点にして過去をさかのぼって見る、という視点は不自然ではないだろう。また、このような特徴を持っているので、クルアーンを読む時には後ろの章から読み始めるという方法もあると思う。そうすれば、啓示の変遷がよく分かるからである。

ムハンマドはメッカからメディナに移住（ヒジュラ）し、彼を取り巻く社会状況やその立場も大きく変化したことはすでに述べた。迫害されていた者が統治者になったのである。このことがクルアーンの句にも、内容と文体の二つの側面において表れている。

メッカ期の句には、啓示を受け始めた時期であり、かつ彼を取り巻く環境が厳しいものであったことが特徴として出ている。文体は簡潔で、誓いの句が多く、感情のほとばしりが激しくて意味が取りにくい句も少なくはない。例えば前述したアブー・ラハブへの怒りの句（第111章）や、ガブリエルによって啓示が下された時を描いているとされる句（第53章4-10節）が良い例であろう。強烈ではあるが、意味が分かりにくい。

また主要なテーマとしては、唯一神アッラーへの帰依を説く句が多く見られる。これは当時の多神崇拝・偶像崇拝への批判である。関連して、過去の共同体や預言者に関する逸話も多く言及される。それは、多神を崇拝する過去の共同体に唯一神信仰を説いた預言者が現れ迫害されたが、やがてその共同体にはアッラーからの罰が下り滅びた、という内容である。この物語の意図もまた現状批判で、ムハンマドの属す共同体にもいずれ罰が下るという警告のための比喩物語である（これは次章で詳述）。

その他の主要テーマは、イスラームの信仰内容を説明したものである。使徒（預言者）や天使、啓典、最後の審判、復活の日、天国（楽園）と地獄（火獄）などに関するもので、これらを基に後に「六信《ろくしん》」と呼ばれる基本信仰箇条が成立する（ただし、メディナ期でこれらの内容が見られないわけではない。同様に次に述べるメディナ期に多いテーマもメッカ期で言及されている）。

一方、クルアーンのメディナ期の句は移住後のムハンマドの社会的立場を反映したものとなっている。文体は長く説明的になる。例えば前述した戦闘に関する句（第2章190節や第9章5節）はメディナ期のもので、説明的な文体である。

内容の特徴は、ムスリムとしての儀礼（礼拝、喜捨、断食、巡礼）の規則についての句が多く見られることである。ムハンマドがイスラーム共同体を確立させていく過程で、集団として宗教儀式の様式を規定していく必要があったためである。メディナ期にはさらに社会生活のなかでの義務について言及する法学的な句が見られる。家族の問題としては婚姻や遺産相続、他の共同体との問題としては戦闘や講和についてなどである。

イスラームの婚姻と言えば一夫多妻制、四人の妻との結婚が許されるということが、連想されるかもしれない。実際のところクルアーンにこうある。

汝らがもし孤児に公平にできそうにないなら、良いと思う女性を二人、三人、または四人と結婚しなさい。だが妻を公平に扱えそうにないなら、一人だけにするか、または汝らの右手が所有する者（=女奴隷）**で我慢しなさい。これが偏りを避けるために最も適切である。**（第4章3節）

汝らは望んだとしても、妻たちを公平に扱うことなど無理であろう。誰かに特に愛情を注いで、妻の一人を宙ぶらりんに放っておいてはならない。（第4章129節）

これらの句の背景には、当時の戦闘により寡婦が増えたことがあるとも言われる。また具体的に数字をあげて四人まで妻帯することを認めているが、平等に扱うことができるならばという制限が付けられている。現在でも複数の妻を同時に持つ男性はいるが、極めて少ない。

「ジハード」の多様な意味

「ジハード」に関する言及があることもメディナ期の句の特徴である。

信仰する者とは、アッラーとその使徒（＝ムハンマド）**を信じ、疑うことなく、その財や自分自身でもってアッラーの道においてジハードする者のことである。**（第49章15節）

またある時ムハンマドの遠征に同行しなかった者について、クルアーンはこう述べている。

彼らは自分自身や財でもってアッラーの道においてジハードすることを嫌がり、こう言った。「この暑いさなかに出かけるのはよせ」。だが言ってやれ、「地獄の業火はもっと激しくもっと熱い」と。（第9章81節）

この句は、暑さを厭《いと》い戦闘のジハードに参加しなかった者は、いずれ地獄の業火で苦しめられるだろうと述べている。

そしてジハードを行ったものは天国に行くとされる。

信仰する者、聖遷（ヒジュラ）した者、また、その財や自分自身でもってアッラーの道においてジハードする者、彼らはアッラーにとって最高の段階にある。勝利者である。主は彼らに対して慈悲と満悦でもって、永遠に続く至福の楽園についての福音を伝える。
（第９章20‐21節）

このようにクルアーンは、「ジハード」がムスリムにとって大切な行為だと語っている。「ジハード」はしばしば「聖戦」と訳され、戦闘行為や「自爆テロ」と結びつけて連想される傾向が強い。だが基本的には、「讃えられるべき目的のための努力」や「奮闘努力」という意味である。

戦闘の続いたムハンマドの時代には、ムスリムに攻撃を仕掛ける異教徒たちに対する防衛行為としての戦闘的ジハードという意味でも用いられた。だが後世には、自分自身のなかでの悪しき誘惑との戦いや非ムスリムを改宗させる、社会悪と戦うといった精神面でのジハードを重視するようになる。よってジハードはただ戦闘による敵の殺害を意味しているわけではなく、付与される意味は文脈によって異なる。

またクルアーンには自殺を禁じていると解釈され得る句がある。

あなた方自身を殺してはならない。実にアッラーはあなた方に対して、慈悲深き御方。

もし敵意や悪意でこれをする者があれば、我々（＝アッラー）**はその者たちを業火に投げ込むだろう。**（第4章29－30節）

この句の最初の文は「あなた方自身」とも「あなた方相互」とも解釈できる。昨今は「自爆テロ」を戒めるために、ムスリムの宗教学者などによってこの句が引用されることがある。またムハンマドが自殺を禁じたとするハディース（言行伝承）も伝えられており、ムスリムにとっては決して行ってはならない行為だとされる。ではなぜ「自爆テロ」が行われるのか？　難しい問いである。筆者があるアラブ人の友人から得た答えの一つは「他にどのような方法があるのか？」というものであった。社会の閉塞が真の問題なのである。

姦通、中傷、飲酒、窃盗、追剝の罪

メディナ期のクルアーンの句には、姦通、中傷、飲酒、窃盗、追剝《おいはぎ》など五つの罪に対する刑罰（ハッド刑）に関するものがある。

姦通については、「**姦通した女と男に対しては各々に百回鞭打ちせよ**」（第24章2節）とある。「中傷」とは性的関係に関することに限定される。他人について性的関係があったと虚偽の中傷を行った場合、鞭打ちが科される（第24章4節）。インドネシアのスマトラ島アチェ州はイスラーム法を厳格に適用しているため、公開の鞭打ち刑が行われ、国際的に批判を受けている。

また飲酒に関しては「**ワインと賭け矢、偶像と占い矢は厭うべきこと、悪魔の所業である。これらを避けよ**」（第5章90節）とある。よく知られているように大半のムスリムはアルコール類を飲まないが、それはこの句に基づく。飲んでしまった場合の罰則は、クルアーンでは言及はないが法学上鞭打ちとされた（また、この句にあるように偶像崇拝のほか、矢を用いての賭け事や占いも広まっていたが、これらも禁じられている）。

飲酒の禁止にふれたので、日本でもよく知られている豚肉を禁止する句も紹介しておこう。ちなみに昨今、日本で「ハラール」という言葉が聞かれるようになったが、ムスリムに許されているもののことである。対して「ハラーム」が禁じられているものを意味する。

彼（＝アッラー）**が汝らに禁じたのは、死肉、血、豚肉、そしてアッラー以外の名のもとに屠《ほふ》られたもの。だが食い意地がはっていたり、わざと背《そむ》こうとしたのではなく、やむを得ず**〔食べた〕**者には罪はない。**（第2章173節）

死んだ動物の肉、血、豚肉が禁じられる理由は不浄だからだという（第6章145節）。今でもムスリムたちの豚への嫌悪感は根強く、そのエキスが入っているゼラチンさえも拒む者がいるほどである。二〇〇一年、インドネシアで、日本企業の調味料に豚の成分が含まれていたか否かについて騒動が起こったのもこれに起因する。また、コロナウイルスが世界中に拡大していた二〇二一年のエジプトで、宗教学者が、ブタ由来の成分を使っているワクチンもイスラーム的に問題ないという見解を示した。人々の不安を解消し、ワクチン接種をすすめるためであった。

話を戻して、窃盗に関しては「**盗みをした男と女に対しては彼らが得たものへの報いとして両手を切断せよ**」（第5章38節）とある。追剝も「**殺されるか、磔《はりつけ》にされるか、手と足を〔左右〕交互に切り落とされるか、もしくは国土より追放されるほかない**」（第5章33節）と規定されている。これを実際に適用している国はほとんどなく、サウジアラビアやイランでは法に定められていても、実施されることは多くない。ただし、このような身体刑は西洋の人権団体の非難の対象である。

さらにクルアーンはメディナでの環境を反映して、ユダヤ教徒やキリスト教徒との議論や批判、また、ムスリムのふりをする偽善者に関する句が多い。こういったことに関係する句は後に取り上げることになる。このようにクルアーンの句は、ムハンマドを取り巻く環境を強く反映しながら、ムスリムにさまざまな教えを説く内容となっている。

唯一絶対全知全能の存在

さて、イスラーム信仰の基礎中の基礎を知るために、「六信五行」、つまり、六つの信仰箇条と五つの儀礼に関連するクルアーンの句を見ながら、それぞれについて簡単に説明していこう。ただし、クルアーンが「六信五行」という言葉を用いて限定しているわけではない。クルアーンで語られる精髄がこの言葉で表現されるようになり、現在に至るまでムスリム（ここではスンナ派）の信仰信条と儀礼の根幹としてとらえられているのである。

「六信」とは次頁の表に示した六つの事柄について信じることである。

「アッラー」は唯一絶対全知全能の存在である。アラビア語の「アッラー」は「アル al」と「イラーフ ilāh」とからなっている。これは「the God」、まさに「神」という意味である。そしてこの名称は、唯一の存在であるのだから当然として、ユダヤ教やキリスト教も含めた全人類の神の名でもある。

知れ、アッラー以外に神はなし。汝や男女の信仰者の罪に対して赦《ゆる》しを請いなさい。まことアッラーは汝らの行動も住居も全て知っている。（第47章19節）

アッラーの唯一性はアラビア語で「タウヒード」と言う。後述するが、五行の一つ「信仰告白」の句の前半は「アッラー以外に神はなし」という文言である。ムスリムであるためにこの「タウヒード」を信じることとは、その重要な第一歩ということになる。これにはムハンマドの周辺で盛んであった多神の偶像崇拝を否定するという意味がある。

イスラームの信仰箇条

六信	アラビア語（単数形を表記）
神	アッラー
天使たち	マラク
諸啓典	キターブ
使徒たち（預言者たち）	ラスール（ナビー）
最後の日／来世	キヤーマ／アーヒラ
運命（予定）	カダル

まこと天地の全てのものはアッラーに属す。アッラー以外の存在を並べて祈っている者たちは、一体何に従っているのか。彼らは妄想に従っているのだ。偽っているだけなのだ。彼（＝アッラー）**こそが、夜を設けて汝らを憩《いこ》わせ、昼を設けてよく見えるようにした御方。**（第10章66-67節）

アッラーは創造と復活をつかさどる。つまりアッラーは人間を最初から最後まで完全に支配しているということである。このような主張は、人間が復活させられるこの世の終わり（後述）を信じない者たちへの警告でもある。

人々は「私は死んだ後、よみがえったりするのだろうか」と言う。人々は思い起こさないのか、我々（＝アッラー）**はかつて何も無いところから彼ら**（＝人間）**を創造したのである。よって汝の主である我々は、いずれ人間も悪魔たちも**〔復活させて〕**召集するであろう。**（第19章66-68節）

被造物を無から創造したアッラーが、死者をよみがえらせることができないはずはないのである。

天使はアッラーと人間との間を取り持つしもべ

「天使」についてはどのように考えられているのだろうか。

天使はアラビア語で「マラク」と言い、「六信」を表明する際にはその複数形の「マラーイカ」が用いられる。数多くの天使が存在するということである。それらは光から創造されたと考えられている。

讃えあれ、アッラー。天と地の創造者であり、二対、三対または四対の翼を持つ天使たちを使徒とし、望み通りに数を増やして創造する御方。まことアッラーは全能である。（第35章1節）

天使のなかで最も重要視されているのはガブリエル（ジブリール）である。この天使はアッラーからの啓示をムハンマドに伝えたとクルアーンにある（第2章97節）。マリア（マルヤム）にイエス（イーサー）の生誕を告げ、さらに彼を支えたとされる「聖霊」もガブリエルだと考えられている（第2章87節）。他に重要な天使としてはミカエル（ミーカーイール）が挙げられよう。ミカエルは、クルアーンではガブリエルと並べて一度名前（「ミーカール」）が言及される程度であるが（第2章98節）、伝承では天にある海の保護者で、雨などの水を扱う天使だともされている。さらに世界の終末を知らせるラッパを鳴らすイスラーフィール（セラピムだろう）や、人間の魂を体から引き離す死の天使（イズラーイール。ただしクルアーンでは名前が言及されていない。第32章10-11節）などが存在するという。

また、人間の行為を記録する天使が人の左右に二人いるとされる。この天使については「記録の書」に関連して第三章で述べたい。その他数え切れないくらいに大勢の天使がアッラーの命令に従い、アッラーと人間との間を取り持つしもべとして存在すると考えられている。

ムハンマド以外にも多くの使徒・預言者がいる

次に「使徒たち」とはどのような存在なのだろうか？

ムハンマドは、汝らの父親ではない。アッラーの使徒であり、預言者たちの封印である。（第33章40節）

ここで「使徒（ラスール）」と「預言者（ナビー）」という二つの用語が登場している。ムハンマドは双方を兼ね備えているとされる。クルアーンのなかでこの二つの用語の相違ははっきりとしていない。だが伝承によれば、使徒は三一三人、預言者は一二万四〇〇〇人いたとも言われる。また神学上、預言者は最後の審判が来ることを警告するのみであるが、使徒はさらに聖なる法を伝える役割を担っていたと考えられている。使徒は皆、預言者でもあり、彼らの方がより高位にある存在ということになる。

このようにイスラームでは、ムハンマド以外にも多くの使徒や預言者が認められている。詳しくは第二章で取り扱うが、アダムやアブラハム、モーセ、イエスといった聖書に登場する人々がイスラームの預言者だと考えられている。そしてムハンマドこそがそれらの最後の「封印」であり、彼以降には預言者も使徒も現れない。

聖書も聖典と認められる

よってムハンマド以外の預言者たちに与えられた聖典もイスラームは認めている。これが六信の一つの「諸啓典」である。モーセへの「タウラー（律法の書）」、ダビデへの「ザブール（詩篇）」、イエスへの「インジール（福音の書）」がその主たるものである。これらはほぼ聖書に相当する。これも前述の預言者たちと併せて次章で取り扱うのでここではあまり触れないでおくが、用語について確認しておきたい。

「啓典」という用語はあまり目にしないものかもしれないが、ここでは頻繁に用いることになる。その意味は「啓示によって下された聖典」といったところで、アラビア語では「キターブ」（その複数形が「クトゥブ」）となる。ムハンマドに先行する預言者たちに与えられた聖典は全てアッラーの啓示による「キターブ（啓典）」であり、イスラームはこれら全てをまとめて「クトゥブ（諸啓典）」として認めている。

またこの「キターブ」という単語は「書」や「書物」といった意味を持ち、「書かれたもの」全般を指す時に用いられる。イスラームにとって聖典は「書かれたもの」であると、最初から認識されていたということになる。この点については第二章で詳しく述べることにしたい。

イスラームの「来世」と「運命」

多くの日本人の来世観――漠然としたものであることが多いが――同様に、イスラームも現世（ドゥンヤー）の後に天国（楽園）と地獄（火獄）が存在すると信じている。それはクルアーンで繰り返し述べられ、具体的なイメージで迫ってくる。

信仰し善行に努める者たちには、彼らのために、川がその下を流れている天国につい

ての吉報を伝えなさい。彼らはそこで生活の糧《かて》である果実を与えられるたびに、「私たちはこれを前にも与えられたことがある」と言う。彼らにはそれほどに同じような（すばらしい）ものが授けられる。また彼らは純潔な配偶者を与えられ、永遠にこの中に住む。（第2章25節）

その日、（蓄財した金銀は）地獄の業火で熱せられ、彼ら（＝蓄財して施さない者）の額やわき腹、背中に焼印が押されるだろう。「これは汝らが自分自身のために蓄財したものの。だから自分が蓄積したものを（罰として）味わうがよい」。（第9章35節）

だが、死後この「来世（アーヒラ）」に至るには、「最後の日の審判」を経なければならない。これは終末思想と深く関係している。アッラーについての箇所で少しふれたように、この世はアッラーによる創造で始まり、「最後の日」で終わる。この「最後の日」に死者は復活し、集められて「最後の審判」にかけられる。この時、生前の行いを記録した「記録の書」が開かれて、これをもとに裁かれ、天国に行くのか、地獄に行くのかが決められるとされる。

この「終末」に関する教義はクルアーンの初期の句（メッカ期）に多く見られる。正しい信仰の道――つまりイスラーム――に入らない者たちは地獄に落ちるであろうという警告の意味を持っている。クルアーンは「最後の日」の予兆である天変地異現象や、その時に人々が慌てて逃げ惑う様子をこう描写している。

「復活の日」に誓って。……その者は「「復活の日」はいつなのか」と問う。それは目が眩《くら》んでしまう時。月が光を失い、太陽と月が合わさる時。その時、人間たちは「どこに逃げようか」と言う。だが決して避けられない。……その日、人間たちは〔生前に〕**行ったことやその足跡《そくせき》について告げられる。いやむしろ人間は、自分自身の証人となる。たとえいろいろ弁解したとしても。**（第75章1‐15節）

この句の後半部は「最後の審判」の様子の描写である。人々は生前の行為について告げられる。そして、人々はアッラーの前に立ち、「記録の書」が目の前に突きつけられる（第83章4‐9節）。

その時、大地は主の光で輝き、キターブ（＝「記録の書」）**が置かれる。預言者たちと証人たちがやって来る。人々は真理でもって裁かれ、決して不当には扱われない。**（第39章69節）

書かれている内容に人々は一喜一憂し、それに応じて天国もしくは地獄に行き、永遠に

カンボジアのムスリム（チャム人）の墓（筆者撮影）

住み続けることになる（「記録の書」に関連する事柄は第三章で詳述したい）。

このようにイスラームでは人間は一斉に来世に行くことになる。日本人は「この世」と「あの世」が同時に存在していると考える傾向がある。例えば「ご先祖さまが見ている」という言い回しや、お盆になるとご先祖さまが家に戻ってくるという意識にそれが現れている。だが、イスラームではお墓参りをすることはあるが、死者があの世に先に行っていると考えられることはないのである（死後、最後の審判に至るまで「バルザフ」という墓のような場所にいると考えられている）。

「六信」の最後の一つ、「運命」の具体的な詳細は第三章で扱うので、ここではごく簡潔に説明しておこう。

アッラーは全知者であるため、この世のすべての事柄をあらかじめ知っているとされる。

アッラーは汝らを土から創り、さらに一滴の精液から創り、次いであなたがたを一組〔の男女〕にした。胎に宿し分娩する女のこともすべて知っている。長命な者も、短命

六信の実態（信じている人の割合）

	天使(%)	来世(%) (天国/地獄)	運命(%)
東南アジア	98	96/95	89
南アジア	97	98/93	91
中東・北アフリカ	96	97/90	93

（ピューリサーチセンター Pew Research Center, “The World's Muslims: Unity and Diversity” より）

な者も、キタープ（＝「天の書」）**にないものはない。本当にそれはアッラーにとって容易なことである。**（第35章11節）

この「キターブ」は「天の書」と解釈され、ここに全ての事象があらかじめ書かれて定められているとされる。またアラビア語の「カダル」とはそのようにアッラーがあらかじめ定めている「神意」を言う。日本語では「運命」もしくは「予定」（場合によっては「定命」「宿命」）と訳される。これは人間の自由意志との関係からも重要な問題をはらむため、「天の書」に関連して第三章で取り上げることにしたい。

これらの信仰箇条をムスリムがどの程度本当に信じているのか知りたくはないだろうか。ピューリサーチセンターの「世界のムスリム――一体性と多様性」（二〇一二年）という調査でその実態が分かるようになり、大変に興味深い。それによれば上の表のような結果となり、大半の人が天使や来世・運命を信じていることが分かる。運命については他と比べると割合がやや低いが、これは第三章でも述べるように、人間の自由意志を重視するムスリムがいるためではないかと推測される。

イスラームの信仰行為

五行（五柱）	アラビア語
信仰告白	シャハーダ
礼拝	サラート
喜捨	ザカート
断食（斎戒）	サウム（スイヤーム）
巡礼	ハッジ

信仰告白

さて、以上の「六信」に対して、義務的な信仰行為は「五行」と呼ばれ、信仰告白、礼拝、喜捨、断食、巡礼のことを指す。

「信仰告白（シャハーダ）」とは「私は告白します。アッラー以外に神はなし、ムハンマドはアッラーの使徒である」と唱えることである。クルアーンでは「**アッラー以外に神はなし**（ラー・イラーハ・イッラッラー）」（第47章19節）と「**ムハンマドはアッラーの使徒である**（ムハンマド・ラスールッラー）」（第48章29節）という具合に、別の箇所で登場している。

この言葉は日常生活で頻繁に用いられ、間《ま》が空いた時にふと口にする人もいる。子どもが生まれると親が新生児の耳元で唱えたり、入信希望者が二人のムスリムの前で唱えるなど、ムスリムであるための最も基本的な信条の表現である。

礼拝の呼びかけであるアザーンでもこの言葉が使われる。モスクから聞こえる物憂い旋

イスラームの礼拝《サラート》

五回の礼拝	時間帯
夜明け（ファジュル）	夜が白み始めてから日の出前まで
正午過ぎ（ズフル）	太陽南中の後から影と本体とが同じ長さになるまで
午後（アスル）	影と本体とが同じ長さになってから日没まで
日没（マグリブ）	日没直後から残照が消えるまで
夜（イシャー）	日没後の残照が消えてから夜が白むまで

律の声は、しばしばクルアーンだと思われることもあるようだが、そうではない。アザーンではこう言っている（「×2」とは二回繰り返すということ。スンナ派間でも法学によって相違があり、またシーア派でも多少異なる）。

アッラーは偉大なり（アッラーフ・アクバル）。×2
私は告白する、アッラー以外に神はなし、と。×2
私は告白する、ムハンマドはアッラーの使徒である、と。×2
来たれ、礼拝に。×2
来たれ、成功へ。×2
（礼拝は眠りに勝る。×2）
アッラーは偉大なり。×2
アッラー以外に神はなし。×1

夜明けの礼拝の呼びかけには「礼拝は眠りに勝る」という句が入れられる。また、「成功」とは来世で天国に行くことを指すと言われる。つまり、礼拝することで天国に近づくということである。

礼拝や喜捨——善行を積み天国へ

「礼拝」はアラビア語で「サラート」と言い、よく知られているようにメッカに向かって一日五回行うのが基本である。普段は家や職場、近くのモスクで礼拝するが、「集合の日（ヤウム・アル＝ジュムア）」である金曜日（休日）には大きめのモスクに集まり、集団で礼拝する。

テレビなどで、大勢の人がすし詰めの状態で一斉に額を地に付けてお辞儀をしている映像を目にしたことがあるかもしれない。確かにこれは壮観であり、イスラームの戒律のあり方を象徴するシーンではある。だが、いつもこのような集団礼拝を行っているわけではなく、普段はそれぞれの都合の良い時間や場所でささっとなされている場合が多い。

モロッコで空き地の芝生で礼拝する男性（筆者撮影）

筆者も友人の家を訪れた時、時間になると「ちょっと礼拝をするから」と言って目の前で始められた経験が何度もある。大学のなかにも礼拝室があり、まじめな学生や教官は授業の合間に訪れている。このように礼拝とは大げさなものではなく、日常のなかに違和感なく溶け込んでいる習慣である。

礼拝を行い、定めの喜捨を支払いなさい。汝らが自分自身のために行うどのようなことも、アッラーの御許《みもと》で見出されるであろう。実にアッラーは汝らの行うことを全てご覧になっている。（第2章110節）

礼拝や喜捨という善行を行っていることを、アッラーはよくご存知であるという。そしてここでは、善行を積むことで天国に行く可能性が高まることが含意されている。またクルアーンは、旅路にある時や敵の攻撃の可能性がある時は、礼拝を短くして構わないとも述べている（第4章101節）。

次に「定めの喜捨（ザカート）」についてであるが、これは財産のなかから一定の割合（金銭の場合は二・五％など）で徴収され、困窮者や旅行者に支給される。ただし、一定以上の財を持つ者のみが支払う義務を持つ（ちなみに以下の句はイスラームの利子禁止の根拠ともされる）。

汝らが高利で人に貸与しても、アッラーの御許では何も増えはしない。だがアッラーの御尊顔を求めてザカートを払う者たちには、報奨が倍加されよう。（30章39節）

現在もこのザカート制度が導入されている国がある。例えばサウジアラビアや、スーダン、パキスタン、マレーシアなどである。

またムスリムたちには「自由喜捨（サダカ）」も奨励されている。これは財による施しだけではなく慈善行為全般を指す。モスクに置かれている募金箱には「サダカの箱」と書かれている。

断食の実際

「断食（サウムまたはスィヤーム）」は健康な成年がラマダーン月（断食月）の日中に行う。飲食のみでなく、喫煙や性行為も制限される。唾液さえ飲み込まない人もいる。よって「斎戒」と呼ぶこともできるだろう。

だが次にあるように事情が許さない場合は無理をする必要はなく、できなかった日数分、後で行えばよいとされる。

信仰する者たちよ、……あなた方に断食が定められた。……それには決められた日数がある。だが病人や旅路にある者は、後で日数をこなせばよい。……ラマダーン月、クルアーンはその時に下された。人間への導きとして、導きと識別の明証として。この月に〔家に〕いる者は断食しなければならない。……断食の夜には妻と交わることが許される。……また白糸と黒糸の見分けがつく夜明けになるまでは食べたり飲んだりして構わない。その後は日が暮れるまで断食しなさい。（第2章183－187節）

このように食事ができないのは日中のみであり、日が暮れると逆に大変なご馳走を食べ、親戚を訪ねたりと、楽しい時間を過ごすことになる。

またラマダーン月には宗教意識が高まり、クルアーンを三〇分割して毎日一部分ずつ読誦し、一カ月で終えようとする人もいる。断食は確かに苦行ではあり、一カ月間貫徹できない人もいるが、皆で苦労を分かち合っているという連帯感や、日が暮れてから楽しい時間を過ごせるという肯定的な側面も強い行事である。断食明けには祝祭「断食明けの祭（イード・アル＝フィトル）」がある。

できれば生涯に一度は巡礼を

五行の最後は「巡礼（ハッジ）」だが、これはズー・アル＝ヒッジャ月（巡礼月）八―一〇日にメッカに詣《もう》でることである。だが全ての人に対する義務ではなく、健康や財政事情が許される人のみが行えばよい。

この聖殿へのハッジは、訪れることができる者にアッラーが課したのである。（第3章97節）

アッラーのためにハッジと小巡礼（ウムラ）を行いなさい。もし妨害されたなら、手ごろな捧げ物を〔捧げなさい〕。……巡礼がなされるのはよく知られた月にである。その時に巡礼しようと決めた者は、女性に触れず、不道徳なことをせず、また論争してはならない。……〔巡礼中は〕……皆でアラファから一斉にやって来て、聖なる場所でアッラーを念じなさい。……（第2章196－198節）

この時、「カアバ聖殿」の周囲を左回りに七周する儀礼（タワーフ）や、アラファの平原でのアッラーへの祈念、アラファからムズダリファ（句にある「聖なる場所」）への一斉の移動、ミナーでの悪魔の石柱への投石など、いくつもの儀礼をこなす。

カアバ聖殿は、立方体の形をしていて黒い布で覆われ、聖モスク（マスジド・ハラーム）のほぼ中心にある。伝承によれば、アダム（アーダム）とエバ（ハウワー）がアッラーの命により建立したとされる。その後、ノア（ヌーフ）の時代の洪水で流れたが、アブラハムが再建した。その時に天使が運んできたとされる黒石（実際には隕石だとも言われる）がカアバ聖殿の東側にはめこまれている。

ズー・アル＝ヒッジャ月一〇日にはラクダや羊を供犠《くぎ》する。巡礼に参加しなかった世界

五行の実態（実践している人の割合）

	断食	喜捨	毎日礼拝（男/女）	巡礼
東南アジア	99	93	77/78	8
南アジア	96	89	52/48	6
中東・北アフリカ	94	79	65/69	17

（ピューリサーチセンター Pew Research Center, “The World's Muslims: Unity and Diversity” より）

各地にいるムスリムたちも同様に動物を屠《ほふ》る。肉は自分たちで食べるほか、貧者にも分け与える。これが「犠牲祭（イード・アル＝アドハー）」で、「断食明けの祭」と並ぶイスラームの二大祝祭とされる。

巡礼に行ったことがある人は尊敬の対象となり、男性は「ハーッジュ某」、女性は「ハーッジャ某」と呼ばれる。また他の時期に「小巡礼（ウムラ）」を行うこともできる。これは「大巡礼（ハッジ）」に比べると功徳が落ちると考えられているようだが、旅費が安くすむということもあり、こちらだけ行う人もいる。だがやはり、ほとんどの人は一度はハッジをしたいと思っているようである。

これらの基本的儀礼がどの程度実践されているのかも、ピューリサーチセンターの調査からうかがうことができる。ほとんどの人たちが公共の場で断食をしている。また毎年喜捨をしているという人の割合も極めて多い。ただ毎日礼拝をしている人の割合は低くなっているが、それでも六割以上の人が実践している。さらに巡礼は明らかに割合が少なく、費用や健康などの制約があることがうかがえる。

3　読誦されるクルアーン　日常生活のなかで

「クルアーン」とは「読誦されるもの」

ムスリムにとってクルアーンの内容を学ぶことと同様に重要なことがある。それはクルアーンを記憶し、読誦することである。そもそも「クルアーン」とは「読誦されるもの」という意味である。

子どもが最初に覚える句が、第一の「開扉《ファーティハ》」章であることはすでに述べた。筆者の知るエジプト人女性は信仰心が篤《あつ》く、子どもをクルアーンの暗誦学校に通わせていた。これは日本で言うと算盤や習字の塾に近い存在かもしれない。ここで子どもたちは先生の読誦を聞いて復唱し、暗記するように努める。また文字を学んだりもする。

ある時その母親は筆者に、自分の子どもは暗記するのが速く、暗誦も上手だと誇らしげに語っていた。筆者が「ハーフィズになるかもしれないね」とコメントすると、嬉しそうに「そうならばよいのだけど。天国に行けるからね」と言っていた。「ハーフィズ」とはクルアーン全体を暗誦した者のことで、社会のなかで大変に尊敬される。しかも彼女によれば、子どもがハーフィズになると親も天国に行けるということらしい。ちなみにその後、この子はハーフィズにはならなかったようだが、カイロ大学を卒業している。

イスラーム世界には多くのクルアーン読誦者が存在する。すでに亡くなったが今なお評価が高く、インターネット上で視聴できる読誦者は、次の二人のエジプト人であろう。アブドゥルバースィト・アブドゥッサマドは「タジュウィード（タドウィールとも）」というクルアーンの読誦法に優《すぐ》れていた。これは芸術性が高い誦み方で、自分の口や喉《のど》を楽器のように用いながら、節回しなどの音楽的要素を強調して聴衆を酔わせる。もう一人の読誦者、マフムード・ハリール・フサリーは「タルティール」法に優れていた。こちらはよりゆっくりと簡素な節回しで誦むことで、聴衆に荘厳な静寂さを感じさせる。

昨今はYouTubeなどのインターネットの動画やアプリで簡単にクルアーン読誦を視聴できるようになった。インターネットで検索してみると、例えば「二〇二三年の世界ベスト5クルアーン読誦者」(https://youtu.be/a74FfsIKLJk?feature=shared) というYouTube動画がある。かつてはカセットテープやCDで聞いていたことを思えば、情報の収集が各段に容易になっていて、感慨深い。

アラビア語を母語としないムスリムもクルアーンを原文で読誦し、記憶に努める。アラビア語の理解レベルは人それぞれで、アラブ人が舌を巻くほどの能力の高さを示す人もいれば、全く理解できないがクルアーンの句を暗記している人もいる。これは厳密な意味で

人気クルアーン読誦者。「2023年の世界ベスト5クルアーン読誦者」（https://youtu.be/a74FfslKLJk?feature=shared）

クルアーンの翻訳というものが認められていないこととも関係している。「日本語訳があるではないか」と言われるかもしれない。確かにそうなのだが、イスラームの視点から厳密に見れば、これらは「解釈書」や「解説書」ということになる。

ムスリムによる英語訳に『聖なるクルアーンの意味』（アブドッラー・ユースフ・アリー訳）というタイトルのものがある。「翻訳」ではなく「意味」なのである。日本ムスリム協会から出されている『日亜対訳注解　聖クルアーン』もまえがきで「信徒による訳書は、クラーン《ママ》の意訳と題するのが普通である」と述べている。

このようにクルアーンは本来のアラビア語であることが重視されている。それはアッラーの言葉そのものであり、その文体の美しさはアラビア語以外では表現できないという認識に根ざしている。よって、アラビア語を母語としない人々もアラビア語で読誦し、礼拝の時にアラビア語で第1「ファーティハ」章を口にする。さらに言えば、世界中のムスリムたちの間には、同じアラビア語でクルアーンを読んでいるという連帯感がある。クルアーンはムスリムの堅固な紐帯《ちゅうたい》として機能しているのである。

朗唱の美しさ

ゆえに当然ではあるのだが、クルアーンの朗唱の美しさはなかなか言葉では言い表せない。だがインターネット時代となった今、すばらしいことにYouTubeで検索すれば簡単に視聴できる。

ここでは朗唱の特徴として押韻の効果について述べておきたい。一例としてメッカ期に下された第112「純正」章（全四節）を紹介しよう。これはアッラーが唯一絶対の存在であることを述べている句である。その背後には多神教崇拝を批判する意識がある。

㈠**言え、「それはアッラー、唯一なり**（アハド）。
㈡**アッラーは永遠なり**（サマド）、
㈢**産みもしないし産まれもしない**（ユーラド）。
㈣**並びたつ者、何もない**（アハド）。

最後の単語が「アハド」「サマド」「ユーラド」「アハド」とあり、これらは「……（アド）」という韻をふんでいる。このような初期の啓示であるメッカ期の文体はサジュウ体という押韻散文に近いとされる。このサジュウ体とは当時の巫者《ふしゃ》（カーヒン。シャーマンのような存在）の言葉である。ただし、クルアーンは自らがカーヒンの言葉であることを否定し（第69章41節）、アッラーの言葉だと主張している。

クルアーンの句はすでに述べたように、時代が下るにつれて、簡潔な力強さから説明口調となっていく。よってメディナ期の啓示は、押韻はあるがサジュウ体とは異なるものとなっている。いずれにしても、クルアーンを通して韻がふまれ、これが畳み掛けるようなリズムや独特の余韻を生み、聞く人を魅了するのである。

実際にクルアーンの本を見てみると、この書物が読誦のための教本のような役割を果たしているのだと分かる。どこで息をつぐか、どのような声音を出すかといったことを示す記号が書き込まれているのである。口承性の強さは、クルアーンという聖典がそもそも主に口頭で伝承されていたにもかかわらず、その記憶の消失を恐れて編纂されて、書物となったという経緯を考えれば、納得のいくことではないだろうか。

アラブ人でも練習が必要

だが、規則通りに正しくクルアーンを読誦するのは、アラブ人にとっても簡単なことではないらしい。読誦用の発音技法（これも「タジュウィード」と呼ばれる）についての本もある。現在は読誦練習用のアプリも大人気である。クルアーンの句をクリックすれば音声が流れるという仕組みである。

また前述のように子ども向けのクルアーン暗誦学校だけではなく、成人向けにも教室が開かれている。筆者もバーレーンの「クルアーンの館（ベイト・アル＝クルアーン）」で成人女性のクラスに参加したことがある。ここはクルアーンに関する資料館・図書館・博物館の総合施設で、読誦クラスも開いている。クラスではまず女性の先生が二、三節ほど読

クルアーン第２章61節（一部）の表記解説

←右から

فَادْعُ لَنَا رَبَّكَ يُخْرِجْ لَنَا مِمَّا تُنۢبِتُ الْأَرْضُ

発音と意味を表記するとこうなる。

左から→

ファ・ドウ　ラナー　ラッバカ　ユフリジュ　ラナー　ミン

マー　トゥムビトゥ　ル・アルドゥ

よって・祈って下さい　私たちのために　あなたの主に　もたらす　私たちに　ものを　生えさせる　大地が

＝**「ですので、大地から生えるものが私たちにもたらされるよう、あなたの主に私たちのために祈ってください」**

（注）「ۢ」の記号は、元々は「n」の音だが「m」に変わることを示す。その時、「m」は鼻にかかったような音（グンナ）にする。これは「n」の後に「b」が来る場合に、発音しやすいよう、なされる変更（イクラーブ）である。

またこの部分を音符で表現すると次のようになるという。

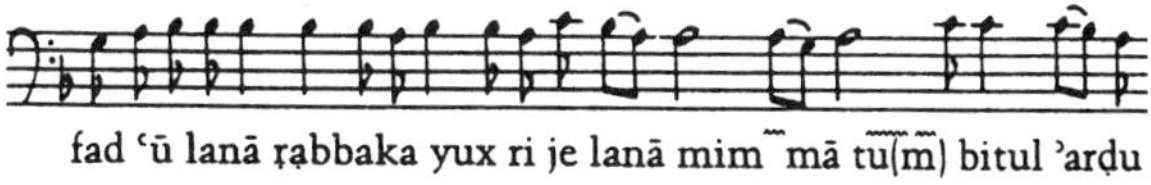
fad ʿū lanā ṛabbaka yux ri je lanā mim mā tu(m) bitul ʾarḍu

Kristina Nelson, *The Art of Reciting the Qur'an*より

誦し、生徒たちが一人ずつ順番に復唱する。その時、先生が良くない点を指摘し、生徒は読誦し直す、という繰り返しであった。

かつてのクルアーン学校（クッターブ）は、覚えの悪い生徒には先生の鞭《むち》が飛ぶといった厳しいものであったらしいが、最近はさすがにそのようなことはない。特にこの「クルアーンの館」は近代的な場所であり、クラスの雰囲気は和《なご》やかなものであった。この時に強く受けた印象は、読誦の上手さには個人差が大きいことである。日本人の子どもが教科書を読み上げる時にも差はあるだろうから、当然と言えばそうなのだが、最初は驚いてしまった。それはクルアーンの読誦がアラビア語を母語としている人にとっても、練習して習得する技術だということを示していると言えよう。

クルアーンの言葉はムハンマドの生きた七世紀のメッカのものであり、これは「フスハー」（正則または古典アラビア語）と呼ばれる。フスハーは現在でも書物や新聞、テレビなどのニュースで用いられ、学校でも学習される。だが、アラブ人が日常で話すアラビア語は口語アラビア語（アーンミーヤ）で、フスハーとは用語や文法も異なり、エジプト方言、イラク方言、モロッコ方言など地域差も大きい。アラブ人にとってもクルアーンの読誦は容易ではないのである。

ゆえに、クルアーンの読誦が上手であることは尊敬の対象になる。読誦大会が各地でしばしば開かれ、優勝者が新聞で報道されることもある。さらに一九九九年には初のオンライン大会が開かれている。指定された句の読誦をビデオに取って送ると審査されるというもので、優勝者は一九歳のニューヨーク在住のムスリム青年、賞品はメッカへのチケットだったという。

クルアーンの読誦は礼拝とも結びついている。すでに述べたが、日々の礼拝中、第1「ファーティハ」章は必ず誦まなくてはならない。金曜日の集団礼拝では第87「至高なる御方」章や第88「隠蔽」章を読誦することがある。さらにイスラームの二大祝祭である断

「クルアーンの館」の外観（筆者撮影）

同上での授業風景（「館」提供）

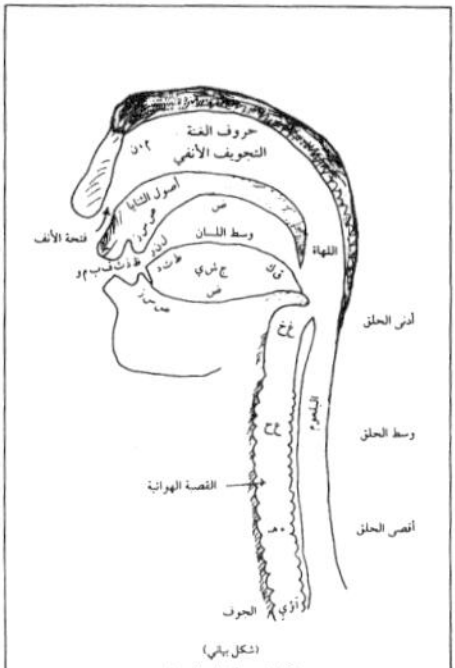

発音の場所を示す読誦教本

食明けの祭と巡礼時の犠牲祭の時の礼拝では、第50「カーフ」章や第54「月」章を読誦することが奨励される。このように、ムスリムたちはさまざまな方法でクルアーンと日々接しているのである。

第二章　預言者たちとクルアーンに先行する諸啓典

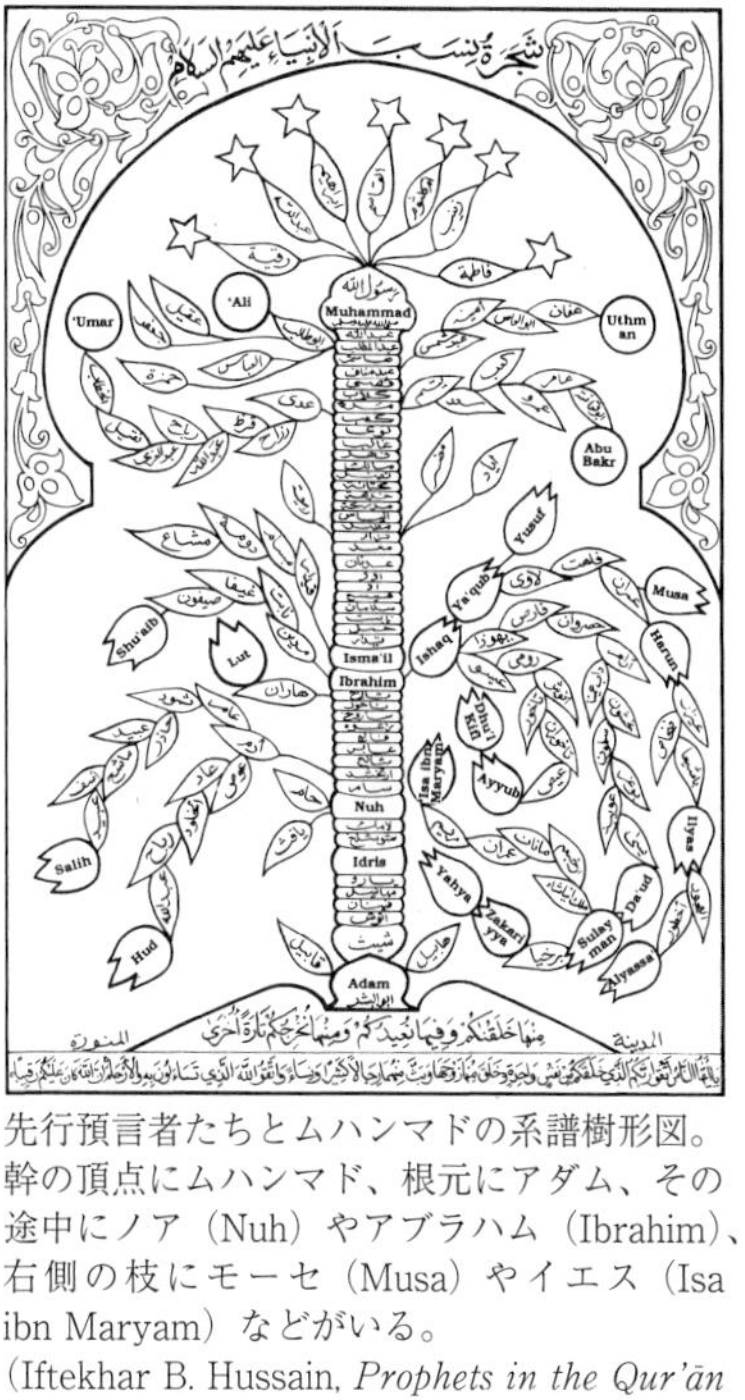

先行預言者たちとムハンマドの系譜樹形図。幹の頂点にムハンマド、根元にアダム、その途中にノア（Nuh）やアブラハム（Ibrahim）、右側の枝にモーセ（Musa）やイエス（Isa ibn Maryam）などがいる。
（Iftekhar B. Hussain, *Prophets in the Qur'ān* より）

「六信《ろくしん》」に「使徒」と「啓典」が含まれているように、イスラームはユダヤ教やキリスト教を先行宗教として認めている。モーセやダビデ、イエスはムハンマドの先行預言者であり、聖書はクルアーンの先行啓典である。だが、これらとの関係は単なる時系列上の順番にすぎないのだろうか?

この章では、「啓典《キターブ》」という概念を鍵として扱う。クルアーンが先行する諸啓典に連なるという「親近感」と、それらよりも優れているという「優越感」の内実を、クルアーンの句を中心に読み解いていきたい。そうすることでイスラームのユダヤ教・キリスト教観の一端も見えてくるのではないかと考えている。

1　「啓典の民」と「純正一神教徒」　クルアーンのユダヤ教・キリスト教徒観

「啓典の民」に対する揺れる意識

まず注目したいのは、クルアーンで頻繁に言及される「啓典の民《たみ》」という概念である。これはアラビア語で「アフル・アル＝キターブ」という。「アフル」は「民、人々」、「アル」は定冠詞"the"という意味である。「キターブ」は「六信」のところでふれたように「啓典」という意味を持つ。つまり「アフル・アル＝キターブ」とは「啓典を与えられている人々」ということで、主にユダヤ教徒やキリスト教徒を指す（広くはサービア教徒やゾロアスター教徒も含まれる）。

この「啓典の民」という呼称にはさまざまな意味が込められている。一つは、ムスリムと同じく啓典を持つということに対する敬意であり、尊重の念である。多神崇拝者たちよりも数段優れ、ムスリムと同じ信仰に属す人々だと考えられているからである。また実際、ムスリム支配下で「ズィンミー（庇護《ひご》民）」として生命や財産の保護を受け、各自の信仰を認められていた時代や地域もあった。

次の句は、「啓典の民」もクルアーンを認めて正しい信仰の道に入れば、天国に行けるだろうと述べている。

「啓典の民」のなかにも、アッラーを信じ汝《なんじ》らに下されたもの（＝クルアーン）と彼らに下されたもの（＝聖書）を信じて、アッラーに謙虚に仕え、少しの益のためにアッラーの御徴《みしるし》を売ったりしない者がいる。彼らにはアッラーの御許《みもと》で報奨が与えられるだろう。まことアッラーは〔報酬の〕計算をするのに迅速である。（第3章199節）

また次のように、クルアーンこそが最も正しい啓典だとも主張されている。

「啓典の民」よ、汝らのもとに我々の使徒（＝ムハンマド）がやって来た。汝らがその啓典のなかで隠してきた多くのことを明らかにし、また多くのことをそのままにしておくために。〔新たに〕アッラーから光と明瞭な啓典が汝らに下ったのである。（第5章15節）

この句はこう言っている。「啓典の民」は自分たちに与えられた啓典の内容を隠してきた。そしてムハンマドがアッラーの使徒として現れ、クルアーンとして隠された内容を明らかにした。ただし、それは隠されていたことの全てではなく、伏せたままにしてあることもある。クルアーンは「啓典の民」にとっても啓典なのである、と。

ここでは、クルアーンは先行啓典に続くものであるが、同時にそれらの不備を補う、より優れた存在であると示唆されている。

他方、「啓典の民」との対立が顕著になっている句もある。


言ってやれ。「「啓典の民」よ。「律法の書」と「福音の書」と主から汝らに下されたもの（＝クルアーン）**を守るまでは、汝らが拠《よ》って立つ所はない」と。ところが主から汝**（＝ムハンマド）**に下ったものゆえに、彼らの多くは横暴さと不信仰の度合いを強める。汝は不信仰の民に関して心を悩まさなくてよい。**（第5章68節）

この句は「啓典の民」も、彼らに与えられた「律法《タウラー》の書」や「福音の書《インジール》」に加えてクルアーンにも従わなければならないと述べている。だが実際にはムハンマドにクルアーンが下されたことで、ますます対立が深まっていて、ムハンマドはそれに悩まされているようである。

次もまた、「啓典の民」がイスラームを否定しているという強い批判の句である。

「啓典の民」の多くは、汝らが信仰に入った後でも不信仰に戻そうと欲している。真理(＝クルアーン)が彼らに明らかにされているにもかかわらず、自らの嫉妬心からこう望むのである。よってアッラーが事を成すまで彼らを許して見逃がしておきなさい。まことアッラーは全能である。(第2章109節)

これらの句から分かるように、「啓典の民」に対する意識のなかには、ムスリムと同じく啓典を与えられた者としての親近感と、クルアーンを認めない者としての憤《いきどお》りの、二つの側面が見られる。

「啓典の民」との決別

クルアーンのなかに、「啓典の民」に対する意識の変化を象徴する句がある。それは「キブラ」の変更に関連するものである。「キブラ」とは礼拝の時に向かう方向のことで、現在はメッカのカアバ聖殿に向かっている。世界中のどこにいても、ムスリムはこの方向に向かって礼拝する。モスクのなかに入ると、壁に馬蹄形の凹みがあるのに気付くだろう。これは「ミフラーブ」と呼ばれ、キブラを示している。また、キブラを知るためにかつてはコンパスを使っていた。ムスリムの利用者が多いホテルでは天井や机などにキブラを示す矢印が書かれていることもある。今はキブラを知るためのコンパスが入ったアプリが便利であろう。

だが、ムハンマドは最初からメッカのカアバ聖殿をキブラとしたわけではなかった。当初の方向はエルサレムの神殿とされ、これはメディナのユダヤ教徒の習慣を取り入れたとされる。

メッカからメディナに移住した頃、ムハンマドはこの地に多くいたユダヤ教徒の儀礼を採用している。例えば断食の時期もそうであった。断食は、現在はラマダーン月とされるが、当初はユダヤ教の贖罪《しょくざい》の日（ヨーム・キップール）にあたるムハッラム月一〇日（アーシューラー）であった。彼は多神教徒の町であったメッカから一神教徒であるユダヤ教徒の多い町に移住した最初の頃、イスラームが彼らから理解され認められるだろうと考えていたようである。そこで儀礼面において協調的な態度を示し、これらを取り入れた。

カイロのスルタン・ハサン・マドラサ内部のモスクにある「ミフラーブ」（筆者撮影）

しかしユダヤ教徒は、ムハンマドが預言者であることやクルアーンがアッラーの言葉であることを否定し続けた。例えばモーセには聖なる書が与えられたが、ムハンマドにはないことなどが批判の対象となっている（第三章で述べる）。よって、ついにムハンマドはユダヤ教徒との決別を決意し、それがキブラの変更として表れた。六二四年のことである。またこの頃、断食の時期もラマダーン月に変更されている。
次のクルアーンの句はこのキブラ変更のことを語っている。

我々（＝アッラー）が、かつて汝らが向かっていたキブラを（別の方向に）定めたのは、使徒に従う者と踵《きびす》を返す者とを見分けるためである。……我々が汝を満足できるキブラに向かわせてやろう。汝の顔を、聖なるモスク（カアバ聖殿のあるマスジド・ハラーム）の方向に向けなさい。どこにいてもその方向に顔を向けなさい。……たとえ汝が全ての〔アッラーの〕御徴を「啓典の民」に示しても、彼らは汝のキブラには従わないだろう。汝も彼らのキブラに従わなくてよい。（第2章143－145節）

「啓典の民」のキブラを踏襲しないことで、イスラームは独自の新しいステージに入ったのである。

アブラハムはムスリムだった

こうしてムハンマドは「啓典の民」と決別した。同時に、イスラームの根源が「アブラハムの宗教」にあるとする啓示が下るようになる。それによればアブラハムも「ムスリム」であったという。

「ムスリム muslim」という言葉は元々「アッラーに帰依する者」という意味である。よって、アブラハムも同じく一神教信仰者であったということである。これに関連して言えば、「イスラーム islām」は「アッラーに帰依すること」という意味であり、どちらの言葉も「アスラマ aslama」（「アッラーに帰依する」）という動詞の派生語なのである（全てs-l-mという語根〈子音〉から成っている）。

クルアーンによればアブラハムは息子イシュマエル（イスマーイール）とともに、

「主よ、我々をあなたに帰依する者（ムスリム）にして下さい。また我々の子孫もあなたに帰依する共同体（ウンマ）にして下さい」（第2章128節）

とアッラーに呼びかけたという。彼らもその子孫も「ムスリム」であり、彼らの子孫はムスリムの共同体（ウンマ）を形成する。そこにはモーセやイエスを途中の通過点とし、アブラハムから始まって最後にムハンマドに至るという意識が見える。つまり、ユダヤ教・キリスト教の重要性が相対的に下げられているのである。

アブラハムはユダヤ教徒でもキリスト教徒でもなかった。だが彼は純正な（ハニーフ）ムスリムであった。多神教徒ではなかった。実にアブラハムに最も近い人々とは、彼に従った者たちとこの預言者（＝ムハンマド）、そしてそれを信じる者たちである。

（第3章67-68節）

この句にある「純正な〔者〕（ハニーフ）」とは「純粋な一神教徒」という意味で、クルアーンに何度も登場する言葉である。この言葉は多神崇拝を拒否し、アブラハムに始まる唯一神を信じる者のことを指している。ユダヤ・キリスト教徒はムスリムと同じくアッラーを信じる一神教徒ではあるが、「ハニーフ」ではないとされる（第2章135節）。だがアブラハムは「ハニーフ」であり、ムハンマドも「ハニーフ」である。このようなレトリックで、ムハンマドがアブラハムからの正しい教えを継承する者であると主張しているのである。

では、このような言説にはどのような意味があるのだろうか？

結局のところ「啓典の民」はムハンマドを批判し、預言者として認めなかった。そこでクルアーンの意識としては、彼らが信奉する預言者であるモーセやイエスではなく、さらにさかのぼった存在であるアブラハムをイスラームを説いた者として重視したのである。

そうすることでイスラームがユダヤ教やキリスト教よりも古くからある教えの後継者だと主張でき、自らの正当化が可能となる。

このようにアブラハムは、クルアーンではイスラームの教えを説いた者として登場する。聖書によればユダヤ教の創設者でイスラエルの民の父祖とされる人物であるが、彼はイスラームにとっても極めて重要な預言者である。真の唯一神崇拝を確立し、アッラーから啓典を与えられたとも言われる。また彼以前にもアダムに始まる預言者たちがいるし、彼以降の預言者のなかには、モーセ、ダビデ、イエス、そしてムハンマドといった啓典を与えられた者たちがいる。

では次に、クルアーンや諸伝承に描かれる預言者の系譜をさぐり、ムハンマドとクルアーンとの位置付けを考えることにしたい。

2　預言者たちと啓典　アダムからアブラハムへ

クルアーンには二五の預言者名が言及され、彼らは皆、アッラーから啓示を与えられている。次の二つの句では具体的に預言者の名前が挙げられている。

二五人の預言者

実に我々（＝アッラー）は、汝（＝ムハンマド）に啓示した。ノアやその後の預言者たちに啓示したのと同じように。アブラハムやイシュマエル、イサク、ヤコブ、〔イスラエルの〕諸支族、イエス、ヨブ、ヨナ、アロン、ソロモンにも我々は啓示している。また我々はダビデに「詩篇」を与えた。……そしてアッラーはモーセに直接語りかけた。（第4章163-164節）

こう言え。「我々は信じます。アッラーを、我々のもとに下されたもの（＝クルアーン）を、アブラハムやイシュマエル、イサク、ヤコブ、〔イスラエルの〕諸支族に下されたものを、モーセやイエスに与えられたものを、そして、主から預言者たちに与えられ

たものを。我々は彼らの誰をも差別しません。我々はただアッラーに帰依する者（ムスリム）なのです」と。（第2章136節）

前述した「六信」の一つ、「使徒（預言者）」はムハンマドだけでなくこれら全ての預言者を信じることであり、それがイスラームの基本信条となっている。また、彼らはそれぞれ共同体（ウンマ）に遣わされた者としても認識される。なぜならば「**それぞれの共同体に使徒がいる**」（第10章47節）からである。

クルアーンのアダムと聖書のアダム

主要な預言者たちそれぞれについて具体的に見ていこう。

アダム（アラビア語で「アーダム」）はクルアーンでも最初に創造された人類とされ、楽園から追放され地上に落ちた。さきほど引用した句に名前がないようにクルアーンでは預言者だとは明言されていないが、通常、預言者に含められる。またアラビア語に「バヌー・アーダム（アダムの息子たち）」という言い回しがあり、これは「人類」を意味している。伝承によれば、人類は全て生まれる前にアダムの腰部から出てきたともされる。

クルアーンによれば、アッラーはアダムを泥から、悪魔のイブリースを火から創造した（第7章12節）。伝承ではアダムの体は乾いた泥でできており、そのなかは空洞だったとも伝えられている。これは陶器でできた人形《ひとがた》のイメージであろうか。だがこの違いがアダムの失楽園の遠因となる。

イブリースはアッラーからアダムに跪拝《きはい》（サジュダ）するよう命じられたが、泥で作られたアダムに額《ぬか》ずくことはできない、とこれを拒否した。なぜならば火でできているので人間よりも優れているからだという。アッラーは怒り、それを受けてイブリースは人間全てを誘惑すると宣言する（第38章71－83節）。そしてこの言葉が実行され、後にアダムはイブリースの誘惑のために楽園を去ることになる。

悪魔は彼に「アダムよ。永遠の命の木と衰えない王権について教えてあげましょうか」とささやいた。二人がそれを食べると、恥かしい箇所が目に付くようになり、すぐに彼らは楽園の木の葉でそこを覆い始めた。アダムは主に背《そむ》き、迷い過ったのである。

（第20章120－121節）

聖書ではエバが蛇に善悪を見分ける木の実、つまり「禁断の実」を食べることをそそのかされたとある。これは場合によっては女性の思慮の浅さを象徴するかのように受け取られることになった。だがクルアーンでは、エバ（ハウワー。クルアーンでこの名前は言及されないが、諸伝承にこうある）はそのような役回りを与えられることはなく、単にアダムの配偶者として描かれている。

このように二人は悪魔の誘惑により永遠の命の木の実を食べ、地に落とされた。だが、クルアーンからはキリスト教で重視されている原罪意識（アダムの犯した罪が子孫である人間全てに科されるというもの）を読み取ることは難しい。クルアーンによれば、アッラーはアダムとエバに「落ちて行け」と楽園からの追放を命じるが、

その後、アダムは主から御言葉を与えられ、主は彼の悔い改めを認めた。実に寛大に悔い改めを認められる慈悲深き御方である。（第2章37節）

という具合に、アッラーから赦《ゆる》されているのである。

二人のその後に関してクルアーンは伝えていないが、伝承がさまざまに語っている。例えばアダムはスリランカに、エバはジェッダ（現在サウジアラビア領）に落ちたとする伝承も伝えられている。二人はメッカで再び出会い、そこは天の楽園の代わりとして地上での住処《すみか》となった。ムスリムの聖地であるメッカは、伝承によってアダムにまでさかのぼって認識されているのである。

いる。

アダムの寿命は？——イスラームの枠のなかで再解釈

ここでイスラームの啓典を考えるにあたって興味深い伝承を二つ紹介したい。一つはアダムの寿命について、もう一つはクルアーンが述べていない「聖なる書」について語っている。

アダムの寿命はどれほどであったのか？　聖書（「創世記」）によれば九三〇歳、イスラームの諸伝承によれば一〇〇〇歳だったという。この点に関して次のような伝承がある。アダムが生きたのが一〇〇〇年だったということは「護《まも》られた書板《しょばん》」に書かれているが、これは「律法《タウラー》の書」にある九三〇年という数字とは異なっている。これらの言っていることに違いがないとすれば、九三〇年とは楽園追放後の期間であろう。太陽暦の九三〇年は、太陰暦では九五七年にあたり、彼が楽園で四三年過ごしたという別のイスラームの伝承と合わせて考えると、全部で一〇〇〇年になる。

この伝承の興味深い点は次のようなことだろう。まず、イスラームの伝承と聖書の内容とを一致させようと工夫している点である。それはもちろん自らの伝承に向こう側の内容を引き寄せるという方向性ではあるが、合意点を求めようとする姿勢が十分に見られる。

またもう一つ、「護られた書板」が登場している点があげられる。詳細は次章で検討するが、これが「天の書」と本書で呼んでいるものである。天にあるとされる「キターブ（書）」で、全ての運命があらかじめ書かれているほか、クルアーンの原型だとも考えられている。

クルアーンには明記されていないが、伝承はここにアダムの寿命が一〇〇〇歳だったと書かれていると伝えている。つまり「天の書」によって、イスラーム諸伝承の「一〇〇〇」という数字が正しいことが証明され得ると考えられているのである。「天の書」に全ての事柄が書かれているという信仰の特性を示す良い例だと言えよう。

また、これもクルアーンでは言及されていないが、アダムに与えられた「聖なる書」についての伝承が存在する。これには幾通りかのバージョンがあり、主に数字が異なっているが、そのなかの一つによればこうである。

アッラーは総数で一〇四の「啓典《キターブ》」を地上に下した。そのうちの一〇枚がアダム、五〇枚がセト（シース。アダムの息子）、三〇枚がエノク（イドリース。後述）、一〇枚がアブラハムに、また、その後にモーセ、ダビデ、イエス、ムハンマドにもそれぞれ一つずつ下されたとされる。これで合計一〇四となる。

ここで「枚」と訳した言葉は、アラビア語では「サヒーファ」と言う。これは文字を書くための「一枚のシート」を指す単語で、その材質は紙ではなくパピルス紙か羊皮紙と考えられる。周知のように紙が中東世界で用いられるようになったのは、七五一年のタラス河畔の戦い（唐とアッバース朝との戦い）で唐の捕虜がその技法を伝えた後のこととされ、よって、ここでは紙ではない。アラビア語の原文では「サヒーファ」の複数形である「スフフ」と表現されることも多く、これはパピルス紙か羊皮紙のシートの束のようなものであろう。

　このようにアダムとセト、エノクが「聖なる書《キターブ》」を与えられたと伝える伝承が存在している。これはクルアーンでは言及されていないことであり、セトにいたっては名前さえも登場しない。イスラームの伝承には「イスラエル起源（イスラーイーリーヤート）」のものが少なくなく、一〇四の「聖なる書」に関する伝承もこの範疇《はんちゅう》に属すと考えられる。実際に、ユダヤ伝承でもアダムからセトやエノクを経由してアブラハムに伝えられた書物について言及されている。その他、秘密の知識がセトに伝えられたとする「アダムの黙示録」がナグ・ハマディ文書のなかで発見されている（一九四五年にエジプトのナグ・ハマディで発見されたコプト語の写本。四世紀後半にさかのぼる新約聖書外典が有名）。

　もちろん、これらのテキストからクルアーンが直接影響を受けたという確証はない。イスラームはアラビア半島から出発し、シリア、イラク、エジプトとその版図を拡大してきた。よってこれらの地域ですでに流布していた伝承——特に聖書の正典には含まれないような内容のもの——を取り込み、さらにイスラームの枠のなかで再解釈していったのではないかと考えられるのである。

　さて、クルアーンにはアダムの子孫として預言者イドリースが二度ほど登場する。彼は聖書のエノクだと考えられている。

クルアーンに登場する預言者たち

アーダム（アダム）
｜
イドリース（**エノク）
｜
ヌーフ（ノア）
｜
*フード
｜
*サーリフ
｜
イブラーヒーム（アブラハム）
｜
ルート（ロト）
｜
イスマーイール（イシュマエル）
｜
イスハーク（イサク）
｜
ヤアクーブ（ヤコブ）
｜
ユースフ（ヨセフ）
｜
*シュアイブ
｜
アイユーブ（ヨブ）
｜
ズルキフル（**エゼキエル）
｜
ムーサー（モーセ）
｜
ハールーン（アロン）
｜
ダーウード（ダビデ）
｜
スライマーン（ソロモン）
｜
イルヤース（**エリヤ）
｜
アルヤスウ（**エリシャ）
｜
ユーヌス（ヨナ）
｜
ザカリーヤー（ザカリヤ）
｜
ヤフヤー（ヨハネ）
｜
イーサー（イエス）
｜
*ムハマンド

注：「アラビア語（日本語通常表記）」と表記
*聖書で言及されない者　**異説もある

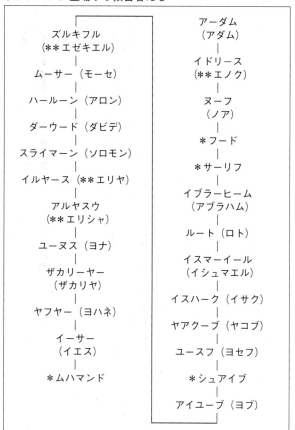

またエノク（イドリース）のことも、この啓典（＝クルアーン）で述べなさい。彼は正直者で預言者であった。我々は彼を高い地位に上げた。（第19章56–57節）

この最後の箇所から、クルアーンと、旧約聖書偽典とされるスラブ語の「第二エノク書」（一世紀ごろエジプトでまとめられたとされる。最初はギリシア語で書かれたが古代教会スラブ語訳のみ現存）との類似性がしばしば指摘される。この「エノク書」によればエノクは天に昇り、神の命令によって天使から葦《あし》の筆と書を与えられ、そこにあらゆる事柄を書き記したという。イスラームの伝承もエノクは人類で最初に筆で書き、前述したように「聖なる書」を与えられたと伝えている。彼はアダムと同様にクルアーンではその旨が言及されていないが、伝承のレベルにおいて啓典を与えられた預言者として位置づけられている。

これらの伝承は次章で扱う「天の書」概念を知る上でも大変に興味深いものである。

クルアーンが語る「ノアの方舟」の意味

ノア（ヌーフ）はクルアーンで詳しく語られ、その名は四三回も言及されている。彼の周囲の人々は多神崇拝にふけっていた。彼はアッラーから遣わされた者として人々に、唯一神アッラーを崇《あが》めよ、さもなければ罰を受けるであろうと説く。だが長老は彼を嘘つきだと否定し、人々も彼が狂っていると思い従わず、石打ちにするぞとまで脅《おど》した。そこでアッラーは洪水を起こし、彼とその家族、全ての生き物一対を舟に乗せ、それ以外の者たちを滅ぼしてしまった（第7章59－64節、第10章71－73節、第11章25－48節ほか）。

そこで我々（＝アッラー）**は、天のいくつもの門を開けて水を注ぎ、また大地ではいくつもの泉をあふれさせた。水は合流し、あらかじめ定められていることが起こった。我々は彼を板と釘でできたものに乗せた。**（第54章11－13節）

以上の話は、「創世記」にあるノアの方舟の物語と大筋では一致している。だがクルアーンがこの物語に込めた意図は、単にムハンマドの祖先を説明するというものではないだろう。クルアーンはノアにムハンマドを重ねて認識していたと考えられる。ノアについての啓示は主にメッカ期に下されている。つまりムハンマドがメッカで迫害されていた時期である。クルアーンはアッラーからの使徒ノアに従わなかったために滅びた人々の物語を紹介することで、ムハンマドに従わない人々の今後を示唆《しさ》したのである。

クルアーンはノア以外にフードやサーリフという預言者が迫害される物語に何度も言及している。このあまり聞き慣れない二人は、どのような預言者なのだろうか？　イスラームの伝承によればノアの息子セムの子孫とされるアラブ人の預言者である。聖書には登場しないが、アラブ人の間ではイスラーム成立以前から広く知られた預言者である。クルアーンによれば、フードはアードという名の民のもとに使徒として遣わされた（第7章65-72節、第11章50-60節など）。アードの民は背が高く、大きな建造物を建て、傲慢《ごうまん》になっていた。彼らは「**柱がそびえ立つイラム**」（第89章7節）という都市に住んでいたという。

伝承によれば、この都市はイエメンにあり、そこでは金銀の宮殿が建ち並び、人々は世界中の金銀財宝を集めていた。彼らは経済的に繁栄し、驕《おご》っていたのだろう。フードはアードの民にアッラーのみを信じ畏《おそ》れることを説いたが、長老に嘘つき呼ばわりされて拒否される。するとアッラーは彼らに雷や暴風雨という罰を与え、滅ぼしてしまったのであった。

> **朝になると、彼らの住居以外は何もなくなっていた。このように我々**（＝アッラー）**は、罪を犯した民に報いを与えた。**（第46章25節）

また、サーリフはサムードという民のもとに預言者として遣わされた。伝承によれば、アラビア半島のヒジャーズ地方とシリアとの間にいたとされる。サーリフもまた、人々にアッラーのみを崇めることを説いたが、嘘つき呼ばわりされる。さらに人々は彼とその家族を夜襲して殺害することまで企てた。またある時、アッラーから雌のラクダが与えられた。サーリフがそれに水をやるように言ったにもかかわらず、人々は従わずにその膝裏を切って足を不自由にしてしまった。よってアッラーの怒りにふれ、大地震により一人残らず滅ぼされた（第7章73－79節、第26章141－158節など）。

そこはまるで誰も住んでいなかったようであった。サムードは主を信じなかった。サムードよ、去れ。（第11章68節）

ノアと同様にこの二人の預言者たちの背後にも、ムハンマドの姿が透けて見える。これらは同じ物語展開となっていて、預言者は多神を崇める蒙昧《もうまい》な人々に唯一神の信仰を説くが拒絶され、人々はアッラーの罰により滅びる。言うまでもなく、これらはムハンマドの周辺にいて、彼を迫害していた不信仰者に対する警告という意図を持っている。

ムハンマドのモデル的存在としてのアブラハム

さらに時代を下って、クルアーンが「純正な一神教徒（ハニーフ）」とするアブラハム（イブラーヒーム）についてどう語っているのかを見ていこう。フードやサーリフはセムの子孫でも傍流で、ムハンマドの祖先とされるのは預言者アブラハムである。周知のように、彼については聖書の「創世記」でも多くが語られ、その内容はメソポタミア地方からカナン（パレスチナ地方）への移住、妻たち（サラとハガル）や息子たち（イサクとイシュマエル）との関係、そしてイサクを殺して神に捧げようとしたことなどが中心となっている。すでに述べたように、クルアーンでのアブラハムはイスラームに深い縁のある人物として描かれている（第6章74-84節など）。彼は偶像崇拝を非難し、アッラーのみを信じることを人々に説いた。父祖伝来の神々を信仰する父アーザル（聖書ではテラ）とも敵対し、決別してしまう。また、人々には嘘つき呼ばわりされた上に、火で焼き殺されそうになるという迫害をも受ける。その時、アッラーが「**火よ冷たくなれ。アブラハムの上に平安あれ**」（第21章69節）と言ったため彼は救われている。アブラハムがムハンマド同様に、偶像崇拝を否定し唯一神信仰を説いたが人々に受け入れられず迫害され、アッラーに助けられた人物として描かれているのである。次の句のように、アブラハムはムハンマドのモデル的存在であるとクルアーンは語っている。

実にアブラハムは模範であり、アッラーに従った純正な者（ハニーフ）**であった。……そこで我々**（＝アッラー）**は汝**（＝ムハンマド）**に「純正なアブラハムの宗旨に従いなさい。彼は多神教徒ではなかった」と啓示したのである。**（16章120-123節）

また、アブラハムの父親との決別は、血縁以上に信仰が重要であることを説いているのかもしれない。それは、近親者からも迫害されたムハンマドの姿を彷彿《ほうふつ》とさせるエピソードである。

誰が「直系」で誰が「傍流」か

クルアーンを聖書と比較した時、興味深い相違点の一つはアブラハムの二人の息子についてではないだろうか。二人とはイシュマエル（イスマーイール）とイサク（イスハーク）である。

聖書によれば、イシュマエルは長子だが女奴隷ハガルが産んだ子であり、アブラハムは妻のサラが後に産んだ弟イサクに家督を譲っている。だが、イスラームにおいてはイシュマエルがアブラハムの後継者だとされる。さらにイシュマエルはアラブ化してアラブ人の祖先に、イサクはイスラエル人の祖先になったとされる。

当然ムハンマドはイシュマエルの流れに、モーセやイエスはイサクの流れに属す。ムハンマドはアブラハム―イシュマエルという直系の流れの到達点にある最後の預言者であり、モーセやイエスはアブラハム―イサクという傍流にある預言者ということになる。この「傍流」にはダビデやソロモンも属し、聖書に登場するアブラハム以降の預言者たちは傍

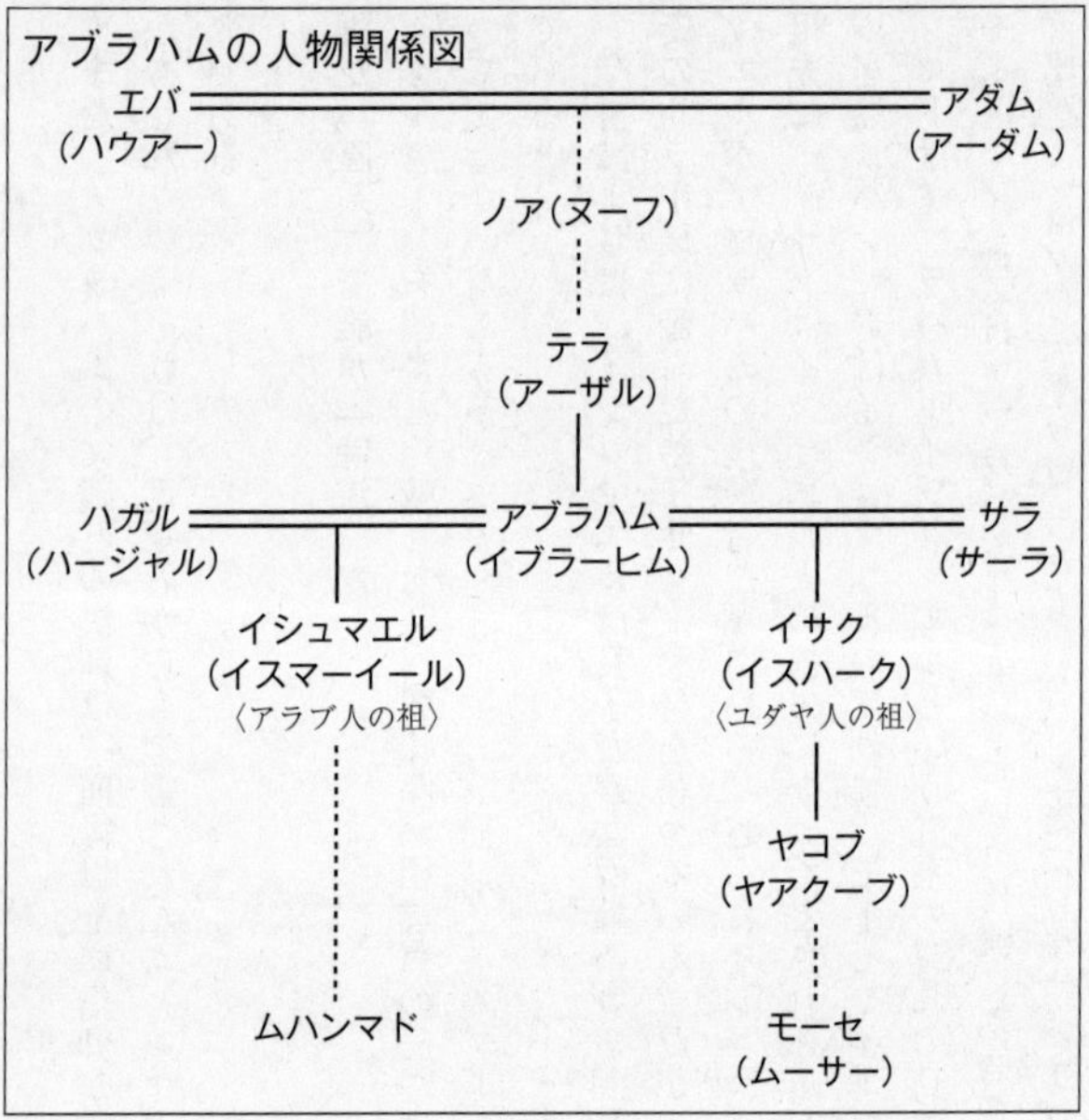

アブラハムの人物関係図

注：「日本語通常表記（アラビア語）」とした。イタリックは女性。

らの存在として認識されている。このような認識が生じたのは、前述したように、クルアーンでムハンマドがアブラハムの教えを継承する者として定義づけされたことによる。ムハンマドがモーセやイエスたちを飛び越えてアブラハムに直接結びついたため、彼らが傍らに追いやられたのである。

さらにアブラハムとイシュマエルについて、クルアーンの描写を見ていこう。彼らはメッカに滞在し、カアバ聖殿を建立した（第2章125-127節）。これは二人をイスラームの枠内に位置づけるのに有効なエピソードである。すでに述べたが、このカアバ聖殿とは聖モスク（マスジド・ハラーム）の中心にある立方体の建物である。今でも巡礼（ハッジ）の時、人々はこの周りをまわる。伝承によれば、アダムとエバが最初に建立したが、ノアの時代の洪水で流され、アブラハムが再び建立したという。人々はメッカ巡礼時に、アブラハムの足跡やイシュマエルとハガルが埋葬された場所にある囲いといった「史跡」を目にすることになる。ここでムスリムたちは、イスラームがアブラハムの宗教であることを体感するのだろう。

アブラハムは息子を自らの手で殺して神に捧げようとした。聖書によればその息子はイサクである。だが、クルアーンでは名前は明言されていない。少し長いが重要な句であるので次に引用しておきたい。まずアブラハムに息子が授けられた経緯がこう描かれている。

彼（＝アブラハム）はこう言った。「……主よ、正しい者〔となるような息子〕を私に授けてください」と。そこで我々（＝アッラー）は賢き男児についての吉報を伝えた。（第37章99-101節）

続いてアブラハムがアッラーの命令によって、この息子を犠牲として捧げるため殺そうとする様子が語られる（読みやすいよう改行した）。

この息子が彼とともに働くことができる年頃になった時、彼は「息子よ、私はお前を犠牲に捧げる夢を見た。どう思うか？」と言った。息子は「父よ、命じられた通りにしてください。もしアッラーが欲されるなら私が耐え忍ぶことはお分かりでしょう」と答えた。

そこで二人はそれに従うことにし、〔父が〕彼をうつ伏せにしたその時、我々（＝アッラー）はこう呼びかけた。「アブラハムよ、汝は確かにあの夢を実行した。まこと我々は正しい行いをなす者に報いる。これは明らかな試みであった」と。我々は大きな犠牲で彼を贖《あがな》い（＝代わりの羊が屠られた）、彼のために後世の人々が「アブラハムに平安あれ」と言うようにしてやった。このように我々は正しい行いをなす者に報いる。実に彼は我々の信心深いしもべであった。

また我々は正しい者である預言者のイサクについての吉報を伝えた。（第37章102－112節）

問題となるのは、このあやうく犠牲の対象になるところであった息子が誰なのかということである。最後の句で初めてイサクが言及されていることから考えても、「息子」はイシュマエルであると解釈するのが自然なようにも考えられる。実際のところ、通常この「息子」はイシュマエルだと解釈されている。だが、イスラーム初期ではイサクと解釈する伝承も少なくなかった。これは聖書の記述との整合性を求めたためであろう。ユダヤ人のイスラーム改宗者がこの類《たぐい》の伝承（イスラーイーリーヤート）を伝えている。だが、その後イシュマエルとする解釈が主流となり今に至っているのである（また、最後の句は別の時期に啓示され、後で付け加えられたとする学説もある。するとますます「息子」がどちらを指しているのかが分からなくなる）。

このような解釈の変遷の背景には、次のような意識があったと考えられる。この「息子」をイシュマエルと解釈することで、アブラハム―イシュマエルという系譜、つまり、アブラハムとアラブ人との関係がより強固、または明白なものになるであろう、と。

だが、イスラームはこの聖書との相違をどう説明しているのだろうか？

例えば、ユダヤ教徒が聖書の内容を歪曲したためだと、真っ向から相手の見解を否定する主張も見られる。クルアーンでもしばしば、ユダヤ教徒が聖書を歪曲したために正しい内容が伝わっていないと主張されている。これはクルアーンこそが最も正しいと主張する意図を持つ言説である。「歪曲」はイスラームのクルアーン観を考える上で重要な概念なので、本章末で詳しく述べることにしたい。

アブラハムに与えられた「聖なる書」

アブラハムに関連して最後に言及しておきたいのは、彼に与えられた「聖なる書《スフフ》」である。

それとも（不信仰者たちは）**モーセの書や**（約束を）**果たしたアブラハムの書《スフフ》にあることを告げられなかったのか。**（第53章36-37節）

来世こそが最善であり永遠である。これは実に昔の書《スフフ》やアブラハムやモーセの書《スフフ》にあること。（第87章17-19節）

とクルアーンでごく簡単に言及されている。これらはメッカ初期の句だと考えられ、啓示の初期の段階から先行預言者にも「聖なる書」が与えられていたという概念が存在していることが分かる。「モーセの書」とは「律法《タウラー》の書」のことを指すと考えられる。

このように、アブラハムこそが、クルアーンで言及されているなかでは最初に「書かれたもの」を与えられた預言者である。その書かれている内容に関しては、伝承などによって多少なりともうかがい知ることができ、箴言《しんげん》集のようなものだと伝えられている。例えば、「王の務めは財を集めることではなく、不公平に扱われている人々に応えることである」、「賢き者は一日の時間を神への祈り、内省、飲食という具合に配分すべきである」といったことがそこに書かれているという。

イスラームにとってアブラハムは、教えの根幹である唯一神信仰を説いた人物である。ムハンマド同様に周囲から迫害を受けたがそれを乗り越え、メッカにカアバ聖殿を再建した。そして「聖なる書」をアッラーから与えられてもいる。まさにアブラハムはムハンマドにとってモデルと言える先行預言者だと、クルアーンではとらえられているのである。

では次に、ユダヤ教・キリスト教の「聖書」をクルアーンがどうとらえているのかを見ていこう。何が相違点なのだろうか？

3　モーセの「律法の書」、ダビデの「詩篇」、イエスの「福音の書」

クルアーンのモーセ

我々（＝アッラー）は彼（＝アブラハム）にイサクとヤコブを授け、彼らを導いた。それ以前にノアも導いている。その子孫には、ダビデ、ソロモン、ヨブ、ヨセフ、モーセ、アロンがいる。我々はこのように正しい行いをなす者たちには報いる。またザカリヤ、ヨハネ、イエス、エリヤがいた。全て正しき人々であった。（第6章84-85節）

このクルアーンの句はイサクの子孫たちについて語っている。イスラエル王国最盛期の王であるダビデとソロモン親子（ダーウードとスライマーン）。苦難を乗り越え真の信仰にたどり着く義人ヨブ（アイユーブ）。兄たちに騙《だま》されるが後にエジプトの宰相となったヨセフ（ユースフ）。モーセとともにエジプトを出た兄アロン（ハールーン）。さらにはザカリヤ（ザカリーヤー）の息子「バプテスマ（洗礼者）のヨハネ（ヤフヤー）」。ヨハネはエリヤ（イルヤース）の再来ともされ、イエス（イーサー）に洗礼を授けた人物である。彼らは皆、イスラームにとっては預言者となる。

そのなかでクルアーンが啓典を与えられた預言者として重視しているのが、モーセ、ダビデ、イエスの三人である。

モーセ（ムーサー）はイスラエルの指導者であり、律法を与えられた優《すぐ》れた預言者だと考えられている。二つに割れた紅海を渡った「出エジプト」や、シナイ山で授けられた十戒の板などのエピソードで広く知られている。クルアーンでも彼の名は一三七回言及され、これらのエピソードも語られている（ちなみに、モーセがクルアーンで一番多く言及されている預言者である。次がアブラハムで六九回）。

モーセの時代、イスラエルの人々はパロ（フィルアウン。古代エジプトのファラオ）による圧政の下で苦しんでいた。モーセは兄のアロンとともに、アッラーからそこに遣わされた預言者である。彼はアッラーのみを信じるよう説くが受け入れられず、魔術師との対決などを通してパロとの対立を深める（第7章103‐162節、第10章75‐92節など）。そしてアッラーからエジプトを出るようにとの啓示を受ける。

我々（＝アッラー）**はモーセに啓示した。「我がしもべたちとともに夜半に旅立ち、彼らのために海のなかに乾いた道を**〔杖で〕**打ち開きなさい。追われることを恐れるな。**

〔海を〕怖がるな」と。（第20章77節）

海が割れた時の様子をクルアーンは、「割れた部分はそれぞれ巨大な山のようだった」（第26章63節）とも表現している。その時パロは軍を率いて彼らを追ったが、皆、溺れて海に沈む。こうしてモーセは奴隷状態にあったイスラエルの人々を解放したのであった。「出エジプト記」の記述と比較するとクルアーンでは極めて簡潔にしか言及されていないが、似通った内容が語られている。

聖書「出エジプト記」との違い

その後モーセはアロンやイスラエルの人々とともにシナイ半島に向かい、一人でシナイ山（クルアーンでは名前は言及されていない）に登り、神《アッラー》から板を与えられる。聖書の記述によれば、そこには十戒（原文では「十の言葉」）が書かれているとされる。クルアーンはこの経緯をこう描いている。

我々（＝アッラー）は彼（＝モーセ）のために全ての事柄に関する訓戒と全ての事柄に関する説明を、板に書いた。〔そしてアッラーは言った。〕「それらをしっかり受け取りなさい。汝の民に最善を尽くすよう命じなさい」。（第7章145節）

だがモーセの不在中、アロンやイスラエルの人々は仔牛の像を作ってそれを崇《あが》めるようになっていた。偶像崇拝に逆戻りしてしまったのである。山から降りたモーセはそれを見て激怒し、悲しみ、持ち帰った板を投げ捨ててしまう。彼はアッラーに赦しを求める祈りをささげた。そして、

モーセは怒りがおさまると、板を取り上げた。そこには、主を畏《おそ》れる者たちへの導きと慈悲が記載されていた。（第7章154節）

これは聖書「出エジプト記」にある物語の流れ（「出エジプト記」第19–34章、特に第31–34章）と基本的には同じである。だが、やはり聖書の方がこの「板」に関して詳細に語っている。クルアーンで板は「ラウフ」の複数形「アルワーフ」とあり枚数は言及されていないが、聖書では二枚と明記されている。また聖書には、神は自らの指で板の表裏両面に書き込んだとある。さらにモーセが下山して人々が金の仔牛を崇拝しているのを見ると、やはり怒りのあまり板を投げ捨て、砕いてしまう。その後、彼は神と対話し、再び二枚の新しい板を手にして山に登る。そして神に同じ言葉を書き記してもらい、山から下りたという。

イスラームの伝承によれば、この「板」にはさまざまな規定が書かれている。アッラーに他のものを並べてはならないこと、アッラーの名を騙《かた》って誓ってはならないこと、両親を敬うこと、などである。これらは聖書「出エジプト記」（第20章3－17節）にあるモーセに下された「十戒」と類似している。「十戒」には、他に神を認めてはいけないこと、神の御名をみだりに唱えてはならないこと、父母を敬うべきこと、が含まれている。

また、この板の授受に関してさらに詳細なイスラーム伝承も伝えられており、それによれば、アッラーは自らの手で筆を取り、板に書き込んだとされる。これは前述の聖書の内容を想起させる。またこの類《たぐい》の伝承はイスラームの文脈のなかでは、モーセはムハンマドと異なりアッラーと直接やりとりをしたということを示す根拠となる。ムハンマドへの啓示はガブリエルを仲介とした間接的なものであったからである。この点はまた第三章でふれることにしたい。

また、この板は貴重な材質からできたものだとも伝えられている。天国のジャバルジャド（緑の宝石、ペリドット）やエメラルド、ルビー、また天国にある「スィドラの樹」からできているという諸伝承がある。アッラーが与えたこの板は、天上の世界の物質からつくられていると認識されているのだろう。聖書では最終的にモーセが自ら持参した板に書き込まれたとされているので、この点は異なっている。

「律法の書」

モーセの板に書かれているのが「律法の書（タウラー）」だとされる。「タウラー」はクルアーンで一八回言及され、全てメディナ期の句とされている。つまりムハンマドがメディナに移住した後、ユダヤ教徒たちとの接触が深まった時期に啓示されている言葉である。アラビア語の「タウラー」の語源はヘブライ語の「トーラー」とアラム語の「オーリーヤー」が合体したものとも言われる。

ユダヤ教聖典の「トーラー」は、旧約聖書の最初の五つの書である「モーセ五書」を指している。ただ、そもそもユダヤ教聖典とキリスト教聖典とは別のものである。旧約聖書＝ユダヤ教聖典ではない（ただ本書では混乱を避けるため、ユダヤ教聖典を「旧約聖書」と呼ぶ）。ユダヤ教徒が自らの聖典を「旧い契約」と考えるはずがないことからも分かるように、「旧約」とはキリスト教徒から見た「先行する聖典」への呼称にすぎない。

キリスト教徒の視点だと、モーセの律法はキリストによって成就されたということになる。だがユダヤ教徒の視点から見れば、彼らの聖典（タナハ）はそれ自体として、膨大な解釈を付け加えられながら存続しているものである。このタナハは「律法（トーラー）」「預言」「諸書」の三部からなっている。最初の「律法」のなかに「ベレーシート（＝創世記）」「シュモート（＝出エジプト記）」「ワッイクラー（＝レビ記）」「ベミドバル（＝民数記）」「デバリーム（＝申命記）」の五書（「モーセ五書」）があり、これらが「旧約聖書」にも含まれているのである。
また、イスラームの言う「タウラー」はこの五書だけではなく、広くユダヤ教聖典や解釈書、さらに口伝のトーラーまで含意することもある。いずれにしても「タウラー」とは、ムハンマドの先行預言者であるモーセに下されたユダヤ教徒の聖典の名称だと考えられている。

ではクルアーンは「タウラー」についてどのように語っているのだろうか。

……タウラーにはアッラーの判断がある。だが彼ら（＝ユダヤ教徒）のなかにはそれに従わない者もいる。これらは信仰者ではない。実に我々（＝アッラー）はタウラーを下した。そこには導きと光がある。アッラーに帰依した（過去の）預言者たちはこれに基づいて判断したものだ。……我々は彼らのためにそこでこう定めた。「命には命を、目には目を、鼻には鼻を、耳には耳を、歯には歯を、全ての傷害に報復（キサース）を」と。しかしそれを控えるならば、自分の罪の償いとなる。（第5章43-45節）

このように「タウラー」にはアッラーからの判断基準や導きとなるような言葉が含められている。そしてイスラエルの人々はこれに従うべきだと考えられている。
さらに最後の箇所で、この書には同害報復（キサース）についても書かれているとある。

これはよく知られているようにハムラビ法典にある「目には目を、歯には歯を」という発想に極めてよく似ている。聖書のモーセ五書にはハムラビ法典と類似した箇所が多く、「出エジプト記」などにも類似の句がある。ただし、クルアーン、つまりイスラームがこれを抑制することを推奨していることは、「**しかしそれを控えるならば、自分の罪の償いとなる**」という句から明らかであろう。

エルサレム旧市街のシナゴーグにあるトーラーの巻物。第1次中東戦争の際、キリスト教徒が保管したため，アラブ人に破棄されずにすんだという（筆者撮影）

タウラーを背負ったが、その後それを背負い続けられない者は、書物を背負わされたロバのようだ。（第62章5節）

これはユダヤ教徒に対する皮肉の言葉である。選ばれてタウラーを与えられたにもかかわらず、それを遵守することができない彼らの様子を、書物を荷《にな》ったロバに譬《たと》えている。クルアーンがこれらの句の他にタウラーについて述べている時には、イエスへの「福音の書（インジール）」と並べて言及されていることが多い。よって歴史的流れに沿って次にダビデについて述べ、その後、イエスを見ていく際にインジールとともにタウラーについても再び取り上げることにしたい。

ダビデに与えられた「ザブール」

ダビデ（ダーウード）はイスラエル王国第二代目の王であり、エルサレムを都に統一王朝を打ち立てた英雄とされる。旧約聖書の「詩篇」には彼に帰《き》される賛歌が多く含まれている。一方、クルアーンでも彼はアッラーによって王権を強化され、英知と判断力を与えられた人物だとされている。また山や鳥は彼のしもべとなり、ともにアッラーを讃えたという（第21章79節、第38章18-19節など）。

さらにダビデには「ザブール」が与えられる。これは「詩篇」のことだとされる。「ザブール」というアラビア語の元来の意味は、「書かれたテキスト」と考えられている。だがヘブライ語の「ミズモール」（神を讃える歌）だとする見解もある。後者の説は「ザブール」が「詩篇」であるということにうまく合致したものではあるが、前者の説が有力である。実際にクルアーンには、ダビデへの「詩篇」を意味しない「ザブール」も登場し、それは「天の書」や「記録の書」を指していると考えられる。よって、この言葉の基本的な意味を「書かれたテキスト」とする方が妥当であると言えよう。

ではクルアーンで「ザブール」はどのように述べられているのだろうか。

我々（＝アッラー）**は預言者の中のある者を他の者よりも優れさせ、ダビデにザブールを与えた。**（第17章55節）

これによれば、ダビデは多くの預言者たちのなかでも優れた存在であり、よって聖典を与えられたという。

我々（＝アッラー）**は訓戒の後、ザブールにこう書いた。「実にこの大地は、我が正しきしもべが継ぐ」。**（第21章105節）

これは聖書の「詩篇」にある句と類似している。「悪事を謀《はか》る者は断《た》たれ、主に望みをおく人は、地を継ぐ」（第37章9節、新共同訳）。このように、ムハンマドの周辺にある程度、「詩篇」についての情報が流布していたと考えられる。ただしムスリムの観点からすれば、これは、ムハンマドが周辺から得た知識ではなく、アッラーからの啓示によって教えられたことになる。

ザブールの内容に関してこれ以上はクルアーンでは言及されていない。だが、いくつかの伝承からうかがうことができる。

例えば、アッラーがダビデにヘブライ語でザブールを下したのは、彼が預言者であり王であることの証拠だとする伝承が見られる。また、このザブールは一五〇の章からなり、ブフトナサル（バビロニアの王ネブカドネザル二世。イスラエルの人々をバビロンに捕囚した）に関してや、また警告や知恵に関する内容であったとされる（実際に旧約聖書の「詩篇」は一五〇章から成っている）。

また、ダビデは極めて魅力的な声の持ち主であったとも伝えられている。彼がザブールを読み上げると人垣ができた。最も近くに学者たちがいて、その後ろに一般の人々、ジン（精霊）たち、悪魔たちという順にたたずみ集まっている。動物や鳥も耳を傾け、水や風も動きを止めるほどであった。だが、ダビデが罪の誘惑にあった後にザブールを読み上げても、このような現象は起きなかったという。

クルアーンが描く人間としてのイエス像

最後にクルアーンの描くイエス（イーサー）と「福音の書（インジール）」について見ていこう。

イエスはイスラームにとって重要な存在であることは間違いない。だが、その名がクルアーンで言及される回数は二五回しかない。例えばモーセの一三七回に比べると格段に少ない。理由の一つとして考えられることは、メディナでムハンマドと論争した人々がユダヤ教徒であったため、モーセの方が話題になる頻度が高かったということであろう。

以下よく知られていることだが、聖書はイエスに関して次のようなことを語っている。彼の母マリアは天使ガブリエルの告知を受け、聖霊によって処女懐胎し、彼を産んだ。彼は当時のユダヤ教の戒律主義を批判し、「神の国」の到来を説いたため、迫害にあう。よって、エルサレムのゴルゴダの丘で十字架に架けられて死ぬが、復活し弟子たちの前に顕現した。彼は救世主（キリスト）であり、神の子であるとされる。

だが、クルアーンのイエス像はこれとはかなり異なる点を含んでいる。

クルアーンによれば、母マリア（マルヤム）は聖霊＝天使（ガブリエルとされる）の告知を受け、「**在れ**」（第19章35節）と命じた神意の結果、処女のまま懐胎する（第3章42節、第

19章17-22節)。ちなみに、マリアはイスラームでも敬意の対象とされる女性である。例えば、ムハンマドの妻ハディージャや後妻アーイシャ、娘のファーティマと並べて讃える伝承が存在する。

産まれたばかりのイエスは揺り籠のなかで、自分はアッラーのしもべでありキターブを与えられる預言者だと語る。彼はイスラエルの民を批判し、弟子たちとともに活動する。また奇跡も示している。泥の鳥に息を吹き込んで本当の鳥にしたり、盲人やハンセン病患者を治し、死者をもよみがえらせたと言う(第5章110節)。

このように聖書との共通点もある一方で、クルアーンによれば、彼はアッラーの使徒、預言者であり、かつ単なる人間である。「**アッラーにとって、イエスはアダムと同じ**」(第3章59節)存在にすぎない。「マリアの子イエス(イーサー・イブン・マルヤム)」、または「マリアの子(イブン・マルヤム)」という呼び方がクルアーンで頻繁になされ、神の子ではないことを明示している(この呼称はエチオピアのキリスト教徒の影響があるとも言われる)。

また、彼は「メシアのイエス(マスィーフ・イーサー)」、つまり「イエス・キリスト」ともクルアーンで呼ばれている。だがここでの「メシア」が、「王権を与えられている者」や「人類の贖罪《しょくざい》を引き受ける者」といったユダヤ教・キリスト教的な意味での「救世主」として用いられているとは考えにくい。「罪から清められている者」といった意味で解釈されることもあるが、クルアーンでは当時のキリスト教徒が用いていた呼称をそのまま借用しただけのようである。このように、彼は普通の人間で、ただアッラーからの啓示を受けた使徒にすぎないとされる。これはイスラームとキリスト教のイエス像との大きな相違点である。

イエスは十字架で亡くなってはいない

さらにキリスト教にとって根幹的教義である三位一体説は、クルアーンでは次のように明確に否定されている。

「啓典の民」よ、……アッラーについて、真実以外を語ってはならない。マリアの子イエス・キリストはアッラーの使徒であり、マリアにもたらされた御言葉であり、アッラーからの霊である。アッラーと使徒たちを信じなさい。「三」とは言ってはならない。やめなさい、それが汝らにとって最も良いこと。実にアッラーは唯一の御方。讃えあれ。アッラーに子がいるはずがあろうか。（第4章171節）

ただしここで言われている「三」とは、キリスト教の一般見解で言われる「父なる神・子なるキリスト・聖霊」――そしてこれらが「一」だとされる――を指してはいないようである。クルアーンにはアッラーに加えてイエスとマリアを三つの神とすることを批判する句があり（第5章116節）、「三」とは神・イエス・マリア（＝神の配偶者）のことだと考えていたようである（伝承などによれば、これはナジュラーンというアラビア半島にあるキリスト教徒の都市で広まっていた見解だとされている）。また、聖霊はイエスを支えるものとして描かれている。

クルアーンはイエスもマリアも食物を食べる人間にすぎないと述べ、彼らを神格化することを否定している（第5章75節）。この三位一体の否定も、その目的はイエスが神の子ではなく人間にすぎなかったことを主張するためであったと考えられよう。

加えてクルアーンは、イエスが十字架に架けられたことに関しても聖書とは異なる見解を示している。彼は十字架では亡くなっていないと述べているのである。

彼らは言った、「我々は殺したぞ、マリアの子でアッラーの使徒イエス・キリストを」と。だが彼らは殺したのでもなく十字架に架けたのでもない。そう見えただけである。このことを議論する者は彼について疑いを抱いている。彼らは知識もなく推測しているだけである。彼らは実際のところ、殺さなかったのだ。そうではなくアッラーは彼を御《み》許《もと》に上げられたのである。（第4章157–158節）

この句は、イエスは十字架で死なず、後に天に召されたと解釈されることが多い。その詳細に関してはさまざまな伝承がある。例えば、彼を処刑しようとユダヤ人が家の周りを囲んだ時、イエスに似た使徒の一人が自ら志願して代わりに処刑され、イエスは家の窓から天に昇ったという。その他の伝承は、イエスはカシミールに移住し、そこで一二〇歳まで生き、シュリナガルで埋葬されたと伝えている。また、彼がこの世の終末の時に地上に再臨するという伝承も流布していて、その時、偽キリストのダッジャールを倒し、七年間この世を支配してから死ぬとも伝えられている。

なぜイエスのエピソードは食い違うのか

これらのクルアーンと聖書との間の相違の原因は何だろうか?

クルアーンにあるイエスのエピソードは正統とされた聖書の正典ではなく、そこに含められなかった新約聖書外典と共通している場合がある。例えば前述した泥の鳥に命を与えた奇跡は、「トマスによるイエスの幼児物語」で言及されている。恐らくムハンマド周辺に流布していたイエスのエピソードは正典に含まれていないものが中心だったのだろう。

そもそもイスラーム成立以前のアラビア半島には、多くのキリスト教徒がいた。イラクにはネストリウス派(イエスの神性と人性の区別を主張)のラフム朝があり、シリアには単性説派(イエスに単一の性質のみを認める)のガッサーン朝というアラブ人の王朝が存在した。これらは「異端」とされた分派である。その影響を受け、五世紀には、交易都市であ

エルサレムの聖墳墓教会。キリスト教徒の聖地で、イエスが十字架に架けられたゴルゴダの丘に建てられ、イエスの墓があるとされる（筆者撮影）

った南アラビアのナジュラーン（現在サウジアラビア領）に、ラフム朝から商人を経由してキリスト教が流入していたとされる。その後ビザンツ帝国（東ローマ帝国）下のシリアやエチオピアからも伝道者が多くやって来たという。エチオピアの単性説派キリスト教徒との人的交流も古くから続いていた。

アラビア半島とアフリカ大陸のエチオピアとの交流が深かったと言われても、少々腑《ふ》に落ちないかもしれない。だが地図を見れば明らかなように、アラビア半島の南端から海峡を渡れば、アフリカ大陸まで遠くはない。ムハンマドが生まれた年（またはその少し前）には、エチオピアのイエメン総督アブラハがメッカに攻め込み失敗している。この時、象の軍隊が攻め込んだため、「象の年」と呼ばれる。アッラーがアブラハ軍の上に鳥を遣わし、焼いた土の礫《つぶて》を投げつけさせたため、撤退したという。クルアーン第105「象」章にこれが描かれている。

ムハンマドはそのような環境で生まれ育った。彼は若かりし頃、商人としてシリアに赴いていたことや、彼の妻ハディージャの従兄弟ワラカ・イブン・ナウファルがキリスト教徒だったと伝えられていることも、すでに述べた通りである。また、前述のキリスト教都市ナジュラーンからも、ムハンマドのもとに使節団が来ている。ムハンマド自身がメッカで迫害にあっていた頃、難を逃れるために信徒の一部がエチオピアに移住し、後に戻って来たこともあった。

このような状況から、ムハンマドがキリスト教やイエスに関する少なからぬ情報を伝聞によって得ていたことは想像に難くない。そして彼が接触した情報はいわゆる「異端」とされる派に属す見解であったと考えられるのである。ただし繰り返すが、これは歴史的な分析である。ムスリムにとっては、ムハンマドがアッラーから啓示としてイエスやキリスト教に関する事実を伝えられ、それがクルアーンに含まれているということになる。

イエスの「福音の書」の位置付け

「インジール（福音／福音の書）」という言葉はエチオピア語の「ワーンゲル」から来たとされ、さらにその語源はギリシア語の「エンゲリオン」とされる。クルアーンでは一二回登場し、イエスに与えられた啓示そのものを指す場合（「福音」）と「福音の書」を指す場合とが見られる。現在の新約聖書に含まれている四福音書（マタイ、マルコ、ルカ、ヨハネの福音書）を厳密に指しているわけではない。また現在では、「インジール」は福音書のみでなく新約聖書全体を指して用いられることもある。

我々（＝アッラー）は彼ら（＝先行預言者）に続いてマリアの子イエスを遣わし、すでにあったタウラー（＝「律法の書」）を確証するためにインジールを授けた。そこには導きと光がある。それはすでにあったタウラーを確証するためである。ここにはアッラーを畏れる者のための導きと訓戒がある。（第5章46節）

このようにイエスは、ユダヤ教徒の啓典にある教えを修正・補完する役割を持つ使徒として描かれている。これは、ムハンマドとクルアーンが、タウラーやインジールに対して取っている態度と同じものである。つまり、後に来る啓典が以前のものを修正・補完するという主張である。

また、クルアーンはインジールやタウラーを尊重していることも分かる。それぞれがアッラーの啓示であり、貴重な教えが含まれているからである。よってユダヤ教徒やキリスト教徒がこれらの聖典にも従うべきだと述べている。

もし彼ら（＝「啓典の民」）**がタウラーとインジール、そして主から彼らに下されたもの**（＝クルアーン）**を守るならば、彼らの頭上からも足元からも主から糧《かて》を与えられるであろう。**（第5章66節）

だが、クルアーンが描くユダヤ教徒とキリスト教徒は、互いに批判し合っているようである。啓典《キターブ》を持つ者たちどうしがいがみ合うことをクルアーンはこう嘆いている。

ユダヤ教徒は「キリスト教徒には根拠がない」と言う。キリスト教徒も「ユダヤ教徒には根拠がない」と言う。彼らはキターブ（＝啓典）**を読誦《どくしょう》しているにもかかわらず。ものを知らない者たちはこのようなことを言うものだ。だがアッラーは**〔最後の〕**審判の日に彼らの論争に判断を下す。**（第2章113節）

ここでの「キターブ」は「アッラーから啓示された聖典」という一般的な意味である。

キタープを与えられている者たちが論争し合うことは本来的にはあり得ないことだと考えられている。なぜならば、その根源は一つであるからである。

さらにインジールは、タウラーとムハンマドとをつなぐ存在としても認識されている。

マリアの子イエスはこう言った。「イスラエルの子孫よ、実に私はあなた方へのアッラーの使徒である。それはすでにあるタウラーを確証し、また私の後に現れる使徒についての吉報をもたらすためである。彼の名はアフマドである」と。（第61章6節）

この「アフマドAḥmad」はムハンマドMuḥammadだと考えられている。二つの名の音が近いことから分かるように語根（ḥ-m-d）が共通し、「アフマド」は「最も祝福された者」、「ムハンマド」は「祝福された者」という同じ意味を持っている。さらに他の箇所で「**彼**（＝ムハンマド）**は彼らの持っているタウラーとインジールに書かれている者である**」（第7章157節）とも述べられている。

このようにクルアーンでは、ユダヤ教徒やキリスト教徒の聖書はムハンマドの到来を予言していると考えられている。この構造は、キリスト教がイエスをダビデの再来としてとらえる側面を持つのと同じである。新約聖書によれば、ダビデの子孫がメシアとしてその故郷ベツレヘムから出現するという預言を成就したのがイエスである。クルアーンも同じ発想を持ち、ムハンマドを先行宗教の預言の成就としてとらえている。

このように、ムハンマド以前の預言者や啓典はすべて、彼とクルアーンが出現するまでの通過地点だと考えられている。ムスリムにとってクルアーンこそが最後の真の聖典なのであるから。さらにクルアーンはそれ以前の啓典に対する批判も行っている。次にこの点に注目して、クルアーンの句を見ていくことにしたい。

4 クルアーンの優越性

クルアーンは先行啓典を「確証」する

クルアーンを読むとすぐに気づくのだが、自らが先行する啓典よりも優れていると繰り返し述べている。クルアーンという聖典の自己認識の明確さに少々面くらってしまうかもしれない。それは新しい信仰としては当然の主張ではあるが、それまでに存在した諸宗教にとっては決して受け入れられないものである。

クルアーンの優越性を示す一つの典型的発想は、クルアーンが先行啓典を「確証」するために下されたというものである。「確証」とはアラビア語で「タスディーク」と言い、「正しいと認めること、確証すること」という意味を持っている。前述したように、インジールもまたタウラーを確証するものだとされている。つまり「確証」は、新しい啓典が古い啓典を後から補完・保証するという継続性のあり方を示す言葉であると言えよう。かつ、「旧約聖書／新約聖書」という概念もこれに通じるものである。

我々（＝アッラー）**は真理でもって汝ら**（＝ムハンマドたち）**にキターブ**（＝クルアーン）**を下した。それはすでにあるキターブ**（＝タウラーやインジール）**を確証し保護するためである。**（第5章48節、以下傍点筆者）

イスラエルの民よ、……我々との契約を守りなさい。……汝らがすでに持っているもの（＝タウラー）**の確証として、我々が下したもの**（＝クルアーン）**がある。それを信じなさい。それを信じない者の先頭に立ってはならない。**（第2章40-41節）

最後の啓典であるクルアーンは最も優れた存在だと主張されている。それと同時に、先行啓典を持つユダヤ教徒やキリスト教徒が、クルアーンを認めようとしない——それはそれで当然である——という状況が背後にあることも、後の句から浮かび上がってくる。クルアーンは他の箇所で、あるキターブを信じるが別のキターブを信じない者たちは、最後の審判の時に最も厳しい罰を科されるとも述べて、強く批判している（第2章85節）。

先行啓典の内容を「取り消す」

さらに、先行啓典よりもクルアーンが優れていることを示す概念として「ナスフ」という用語が用いられることもある。これは「取り消し、破棄」という意味で、つまり、クルアーンの内容によって先行啓典の内容が取り消されるということを言う。

この言葉は法学（法源学）の用語として用いられることも多い。次のクルアーンの句も、イスラーム初期では聖典間の取り消しを指すとは考えられていなかった。

我々（＝アッラー）はどの〔クルアーンの〕節《アーヤ》を取り消しても、また忘れさせても、それよりも良いものか同等のものを与える。アッラーは全ての事に関して全能であることを知らないのか。（第2章106節）

この句は、クルアーンの中で矛盾するような句があった場合、それが啓示された時期を明らかにして、古い時期のものが新しい時期のものによって取り消されることを意味すると解釈されていた。

例えばよく知られているように、クルアーンは飲酒を禁じている。だが、実はワイン（ハムル）を飲むことに関する句が三つあり、それぞれ禁酒の程度が異なっている。先に下された飲みすぎ禁止の句（第2章219節）や酔っ払った状態での礼拝禁止の句（第4章43節）は、最後に下されたとされる完全な禁酒の句（第5章90節）によって取り消されたと考えられている。初めの二つの句ではまだ限度をわきまえた飲酒は認められている。だが、最後の句によってムスリムたちは基本的に飲酒をしないということになったのである。

この「取り消し」の概念が、一〇世紀頃から啓典どうしの関係に対しても適用されるようになった。ゆえに、タウラーはインジールによって取り消され、そのインジールはクルアーンによって取り消されたということになる。これはもちろん先行啓典の存在意義を完全に否定しているわけではない。クルアーンの優位性を示し、矛盾する内容に関してはクルアーンが正しいとする主張である。

先行啓典は「歪曲」されている

クルアーンで先行啓典を批判するために用いられ、かつ後の議論においても重要な役割を果たしている概念として、「歪曲（タフリーフ）」がある。これは「文字（ハルフ）」という単語と関係があり、聖典の字句に関する誤った変更がなされることを意味する。

彼ら（＝ユダヤ教徒）**が汝らを信じると望むことができるか。彼らのなかの一部はアッラーの言葉を聴き、それを理解した後で分かっていながらそれを歪曲する。**（第2章75節）

彼ら（＝ユダヤ教徒）**は**〔タウラーの〕**字句の場所を歪曲し、与えられた訓戒の一部を忘れてしまった。**（第5章13節）

クルアーンはこのように、ユダヤ教徒がタウラーを歪曲したと主張し、非難している。

さらに、彼らはタウラーのなかにある都合の悪い箇所を隠したとも批判している（第2章146、159節など）。

後に「歪曲」には、「意味の歪曲」と「テキストの歪曲」の二つがあると考えられるようになる。前者の場合は解釈の問題であり、テキストの信憑性《しんぴょうせい》は疑われていない。この見解の具体例としては、例えば旧約聖書《タウラー》の預言者「ハバクク」がムハンマドのことであり、「パラン」（シナイ半島中部の荒野とも。「ハバクク書」第3章3節、「創世記」第21章21節ほか）がメッカのことであるにもかかわらず、ユダヤ教徒がそれを認めないことなどである。

だが後者の「テキストの歪曲」の場合は、テキストがどこかで変わってしまったとして、信憑性そのものを否定する立場に立つ。例えばイブン・ハズム（一〇六四年没）がこれを主張している。彼はイスラーム支配下のスペイン（後ウマイヤ朝など）で活躍した学者で、『諸宗派に関する書』という比較宗教書を著している。彼によれば、ユダヤ教徒のバビロン捕囚の時にタウラーが失われ、エルサレムに戻った後、エズラの記憶に基づいて新しいタウラーが書き記されたが、元のものとは異なる点が多かったという。さらにインジールに関しては、イエスの死後三〇〇年にもわたってキリスト教徒が迫害を受けたため、イエスの本当の言葉が伝えられなかった、と批判している。この立場は「意味の歪曲」よりも強い先行啓典に対する否定だと言えるが、一一世紀以降優勢となっていった。

エルサレム旧市街。ユダヤ教の「嘆きの壁」の上に建つイスラームの「岩のドーム」。手前はセキュリティチェックのエリア（筆者撮影）

親近感とそれゆえの憎悪

このようにクルアーンの先行啓典観は、肯定的な面と否定的な面の二つを併せ持っている。先行宗教のキターブ（啓典）をアッラーからの啓示であると認め敬意を払う一方で、クルアーンは自分自身がそれら全てに勝る最後のキターブだと主張している。

ムハンマドの周辺には偶像崇拝者・多神教徒が多かった。それらに比べると、唯一神を信仰しキターブを与えられた預言者を持つユダヤ教やキリスト教はイスラームに近い教えである。メッカで多神の偶像を崇拝する人々に迫害されていたムハンマドは、ユダヤ教徒・キリスト教徒たちに親近感を持っていた。そして理解されるだろうとも思っていたと考えられる。

だがメディナに移住したところ、その期待ははずれてしまった。メディナでは特にユダヤ教徒と対立し、教義に関してさまざまに論争することになる。

そしてクルアーンが否定され、また、タウラーやインジールを批判するという状況が生じてしまったのであった。

この経緯がクルアーンに表れ、その先行啓典観は二面性を持っている。そして言うまでもなく、この二面性は、ユダヤ教やキリスト教という宗教そのものや信徒に対してイスラームが持っている感情である。近い存在であるがゆえに相違点が目立ち、憎悪に結びつくという構図がそこには存在するのである。

ただ言うまでもなく、ここで述べたような信仰上の相違が原因で、ムスリムとユダヤ教徒・キリスト教徒との間に対立や紛争が生じてきたわけではない。エルサレムは歴史的に三宗教の共存の地でもある。

第三章　「天の書」とクルアーン

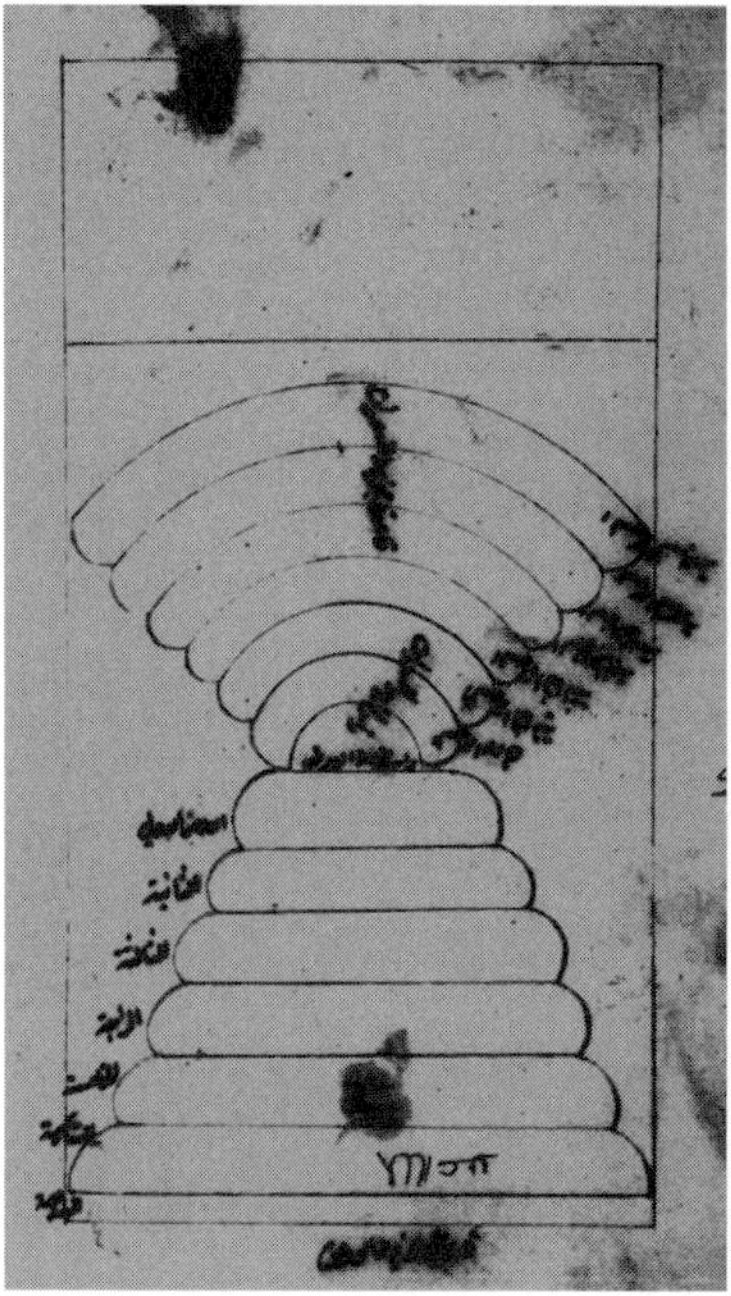

七層の大地の上に広がる七つの天
（*The Encyclopaedia of Islam*, new ed. より）

クルアーンはその原型を天に持っているとされる。これはクルアーンという聖典についての重要な存在認識のあり方である。

クルアーンのなかでも、クルアーンそれ自身はキターブであり、かつキターブのなかにある、と繰り返し述べられている。だが、これらの句は曖昧であり、この「キターブ」が一体どのような形態で、どこにどう存在して、何が書かれているのか、そしてクルアーンとどのようにつながっているのか、ということに関してはよく分からない。こういった具体的内容はクルアーンではなく、その解釈書や関連する諸伝承を見て理解していく必要がある。そうすることで、クルアーンという聖典に対するイスラームの認識のあり方が見えてくるだろう。

これからしばしば引用される文献について、あらためてここで記しておこう。

ムハンマド自身の言葉や行動に関する伝承を集めたハディース集や、さまざまな一般伝承を援用することでクルアーンを解釈しようとする解釈書（タフスィール）を用いる。これらの文献から、多様な伝承や解釈者たちの見解を取り上げていくことにしたい。

ハディース集としては、最も権威があるとされるブハーリーとムスリムが編纂した二つの『サヒーフ（真正）』を用いる。またクルアーンの解釈書として用いるのは、タバリー（九二三年没）の『クルアーン解釈に関する解明集成』（以下『解明』）、イブン・カスィール（一三七三年没）の『偉大なるクルアーンの解釈』（以下『解釈』）、スユーティー（一五〇五年没）の『伝承による解釈における撒き散らされた真珠』（以下『真珠』）である。これらはスンナ派の古典期の解釈書として広く認められ、現在に至るまで重要な文献として用いられているものである。

1　クルアーンが語るクルアーン　その自己認識

自らを神の言葉だと繰り返し主張

すでに述べたように、この聖典の興味深い点の一つは、自分自身について語っていることである。ムハンマドの口から出た言葉が、人間のものではなく、神アッラーからのものだと自ら主張している。

例えば次の句は、自らを「クルアーン（＝読誦《どくしょう》されるもの）」と呼んでいる。

実に汝《なんじ》（＝ムハンマド）は、賢く全知な御方（＝アッラー）の御許《みもと》から来たクルアーンを授かっている。（第27章6節）

彼ら（＝不信仰者たち）はクルアーンについてよく考えてみないのであろうか。もしそれがアッラー以外のものから出たとすれば、彼らはその中にきっと多くの矛盾を見出すであろう。（第4章82節）

また、自らを「キターブ（＝啓典）」と呼んでいる句もある。

これこそは疑いなきキターブ。そこには〔アッラーを〕**畏《おそ》れる者たちへの導きがある。**（第2章2節）

〔これは〕**汝に下したキターブ。汝は胸のうちで苦しまないように。これは汝が信仰者たちに警告し訓戒するためのもの。**（第7章2節）

〔これは〕**汝に下したキターブ。主の許しによって、汝が人々を闇から光へ、偉大で讃えるべき御方**（＝アッラー）**の道へと引っ張り出すためのもの。**（第14章1節）

二番目の句の「胸のうちで苦しまないように」という言葉は、ムハンマドがこの啓示を受けた時に驚き苦しんだことを示唆している。これらの句は、ムハンマドが発した言葉が信仰者への導き・警告・訓戒であり、誤った道を歩んでいる人々を正しい道に導くものであると、自らについて説明している。

そして、ムハンマドの口から出ている言葉が「キターブ」だと繰り返し主張している。ここでの「キターブ」は「本」という意味ではないだろう。なぜなら、ムハンマドの生前にクルアーンは主に記憶され、少しずつ書きとめられていたとされ、まだ完全に「書物」として編纂されていたとは考えにくいからである。これらの句が主張しようとしていることは、ムハンマドの言葉が「律法の書《タウラー》」や「福音の書《インジール》」と同様の存在であり、それらに連なる神の言葉であるということだと考えられる。

自己言及はなぜ必要とされたか

同時に次のような疑問も生じよう。そもそも自分自身を説明する句が存在するのはなぜなのだろうか？

クルアーンは自分自身について深い関心を持ち、自らが神の言葉だと繰り返し主張している。その目的は、自己の存在を定義し正当化するということであろう。そしてさらにその背後には、自らを否定しようとする人々の存在が考えられる。

新しい教えを説くムハンマドの周囲には敵が多かった。彼自身の出身地であるメッカの人々、特に出身部族であるクライシュ族の人々やキリスト教徒、そしてメディナに多く住んでいたユダヤ教徒たち。彼らはこぞってムハンマドの新しい教えを批判している。そのような状況のなかで、自分の発した言葉を「アッラーからのものだ」と何度も繰り返し主張する必要があったと考えられるのである。

ムハンマドの周囲には、彼の口から出た言葉を詩だと考えた者がいた。当時のアラビア半島では詩作が盛んであったため、人々はムハンマドの言葉は単なる人間が作った詩にすぎないと批判したのである。

我々（＝アッラー）**は彼**（＝ムハンマド）**に詩を教えたわけではない。それは彼にふさわしくない。これは訓戒、明瞭なクルアーンである。**（第36章69節）

また、ムハンマドの言葉は巫者《ふしゃ》（カーヒン）の言葉ではないかという批判も起こった。前述したが、「カーヒン」とは当時存在したシャーマンのような霊能者である。クルアーンの初期の韻律がカーヒンの口にする「サジュウ体」に類似しているため、特にそのように言われた。次の句もこのような批判に対する反論である。

これはまことに偉大なる使徒の言葉である。信じる者は少ないが、これは詩人の言葉ではない。よく考える者は少ないが、これは巫者（カーヒン）**の言葉でもない。万世の主から下されたものである。**（第69章40－43節）

さらに「ジン」が憑《つ》いたために発された言葉だという非難も存在した。「ジン」とは精霊のような存在で『アラビアン・ナイト（千夜一夜物語）』にも登場するほか、現在も民間信仰としてその存在が信じられている。「ジン憑き」はアラビア語で「マジュヌーン」と言い、「気が狂った人」という意味も持つ。また当時、詩人や巫者たちはジンに取り憑かれることで巧みな言葉を発することができると考えられていた。よって、ムハンマドもこの「ジン憑き」だと批判されたのである。

人々を諭してやれ。汝は主の恩恵によっているのであって、巫者（カーヒン）でもジン憑き（マジュヌーン）でもないと。（第52章29節）

これらの句の背後には、クルアーンがアッラーの言葉であることを認めない人々の非難が存在している。そしてクルアーンはムハンマドが詩人や巫者、ジン憑きではなく、アッラーの言葉を伝える使徒であることを主張しているのである。

さらに次のように人々に挑戦状を叩きつけている句もある。

もし汝らが、我々のしもべ（＝ムハンマド）**に下したものを疑うならば、それに匹敵する章（スーラ）を一つでも作ってみよ。**（第2章23節）

こうも述べている。

言ってやれ、「もし人間とジンが一緒になって、このクルアーンに類似したものを作

ろうとしても、類似したものなど絶対作れはしない。たとえどれだけ協力しても」と。
（第17章88節）

これらは、クルアーンがアッラーの言葉であり、決してそれ以外の存在によって模倣することができないという自信が満ち溢れている句である。このようにクルアーンは自己正当化のためにクルアーン自身のことをさまざまに語っている。

さて、ここから、このクルアーンの自己意識をさらに別の観点から掘り下げていきたい。クルアーンという地上に下された啓典が、天にその原型「天の書」を持っているという信仰に注目する。そうすることで時空のなかに現れた「キターブ」のクルアーンが、いかなる天上の神話によってその神の言葉としての存在を正統化されているのか、知ることができるだろう。

2 「天の書」と人間の運命

運命は「天の書」に書かれている

アッラーは創造神であり、無から有を生み出してこの世の全てを創造したとされる。その様子をクルアーンはこう語っている。

また彼（＝アッラー）こそが、真理でもって諸天と大地を創造された御方。その日、「在れ」と言えば、生じたのである。彼の言葉はまこと真理である。（第6章73節）

彼（＝アッラー）は玉座が水上にあった時、六日間で諸天と大地を創造した御方である。（第11章7節）

つまりアッラーが天地を創造しようとした時、水と玉座のみが存在していたということになる（当然それもアッラーが創造したのであるが、このことはクルアーンでは言及されていない）。

しかし、伝承を見ると次のような詳しい経緯が描かれている。ムスリムの『サヒーフ』「運命（カダル）」章には、アッラーが諸事象を天地創造の五万年前に書いた、というハディースがある。この伝承が言おうとしているのは、アッラーが天地創造のはるか昔に、その後に生じること全てに関してあらかじめ決定していたということである。これがイスラームの運命観である。

さらにこの伝承集に対して書かれたナワウィー（一二七七年没）による『ムスリムのサヒーフ注釈』では、その全事象が書かれた可能性のある場所として「護《まも》られた書板《しょばん》」が挙げられている。この「護られた書板」を本書では「天の書」と呼ぶ。

また、ブハーリーの『サヒーフ』には、アッラーは創造を終えた時に、玉座の上のその御許にある「キターブ」の中に「私の恵みは怒りに勝った」と書いた、というハディースが伝えられている。これはつまり、アッラーがこの世を創造するにあたっては、被造物に対して厳しさよりも慈悲深さの方が強かった

「天の書」のイメージ
（https://www.rizqankareem.com より）

ということである（これはアッラーの特性を表していると言える）。ここで重要なのは、このハディースでも文字が書きこまれた「キターブ」が天に存在していたとされている点である。

さらに、このハディース集へのイブン・ハジャル・アスカラーニー（一四四九年没）の手による注釈書『創造者の勝利』によれば、この「キターブ」は「護られた書板」であり、そこに実際に書くのはアッラーではなく「筆（カラム）」であるという。この「筆」は葦《あし》ペンのようなものであろう。

このようにムハンマドの言葉を伝えたとされる『両サヒーフ』やその注釈書においては、クルアーンでは述べられていないにもかかわらず、「天の書」において「運命を書くこと」がなされたとする見解が存在している。「天の書」の概念が、時代が下るにつれて明確になってきたということであろう。

最初に創造されたものは？

また、この「天の書」での運命決定は、アッラーの創造行為と関連して認識されている。これはイスラームの歴史書をひもといてみるとより明らかである。そこでは最初に創造されたものが何なのかという問いが提示されている。クルアーンで明言されていないため、後世において疑問が湧き起こったのであろう。

タバリー『使徒たちと王たちの歴史』やイブン・アスィール（一二三三年没）『歴史の完成』などの歴史書が、「最初に創造されたものは何か」という問いを立て、そこで最も可能性の高いものを「筆」としている。「天の書」も初期の段階で創造されたとされるが、最初とされることはまずなく、「筆」の後と考えられている。

この「筆」に関してしばしば引用されるのが次の伝承である。

最初にアッラーが創造したものは「筆」である。アッラーは「筆」に「書け」と言った。「筆」が「何をですか、主よ」と尋ねると、アッラーは「カダル（＝運命）を書け」と答えた。「筆」はそれから〔最後の〕時が起こるまでにあること全てを書き記した。

この伝承はアッラーと「筆」との対話を描き、そうすることでこの世の最後の日に至るまでの全事象、つまり「カダル」があらかじめ定められていることを表現しようとしている。クルアーンでは述べられていなかったにもかかわらず、この伝承では、「筆」は全ての事柄をあらかじめ「書く」（＝「定める」）という重要な役割を担わされて、創造の最初の段階に組み込まれているのである。

また「天の書」に関して言えば、タバリーはほとんど言及していない。時代が下ってイブン・アスィールは、「筆」と「天の書」の創造の順序に関して明瞭にその見解を示している。

アッラーが最初に創造したものは「筆」である。アッラーはそれに「書け」と命じた。……そして周知のことながら、書くためには書く道具が不可欠で、それが「筆」である。また書き込まれるものも必要で、それが「護られた書板」と呼ばれているものである。よって「護られた書板」が「筆」の次に言及されるべきなのである。（イブン・アスィール『歴史の完成』）

ここでは「筆」に次いで「天の書」が創造されたことが明確に述べられ、創造の最初での「書くこと」＝「運命を定めること」のイメージが確定されている。このように歴史書においても、書記道具は創造「神話」の最初に組み込まれ、創造後の全事象の運命決定と結びつけて認識されているのである。

「書く」＝「運命をあらかじめ定める」

これらの伝承からもよく分かるように、アラビア語の「書く」という言葉は「運命をあらかじめ定める」という意味をあわせ持っている。それは現在においても同様で、アラビア語の動詞「カタバ kataba」は両方の意味で用いられる（もちろん日常生活では「書く」という意味で用いられる方がよほど多い）。

映画『アラビアのロレンス』（一九六二年）に、このアラビア語の用法を踏まえた、興味深いやりとりが出てくる（ただし、この映画に見られるような一般的なロレンス像はかなり脚色された英雄像であると指摘されているので注意）。

時は一九一六年、第一次世界大戦の最中、場所はアラビア半島。イギリスは、オスマン朝の支配からの独立を模索していたアラブの民との連携を図っていた。オスマン朝と同盟を結んでいたドイツに打撃を与えるためである。アラブの民をトルコから独立させ、イギリスの勢力下に置くことで、中東に躍進中であったドイツを牽制できると考えたのであった。そこで任務を与えられたのが、元考古学者で英国陸軍将校のT・E・ロレンス（ピーター・オトゥールが演じた）であった。彼はアラブのベドウィンたちとともにトルコへの反乱を展開する。

ある時、ロレンスは彼らを引き連れ、砂漠を越えてトルコ軍の要塞のあるアカバ湾を目指した。これはベドウィンも反対するほどの無謀な奇襲作戦だったが、彼は敢行した。この行程は、「沙漠の英雄ロレンスの一生を飾るもっとも浪漫的な一ページ、アラビア内地の荒蕪《こうぶ》を迂回すること六百マイル、実に六週間の強行」（中野好夫『アラビアのロレンス』）であった。

その道中でのことである。ロレンスの部下であるベドウィンのガッシムの姿が見えない。彼のラクダが乗り主なく併走している。乗り主はどこかで落ちてしまったらしい。ロレンスはガッシムを助けるべく、一人で引き返そうとする。だが、これは極めて危険な行為だった。ベドウィンのリーダー格のアリー（オマル・シャリーフ）たちはロレンスを強く引き止める。

あるベドウィン「ガッシムの〈死の〉時が近づいているのだ。それは書かれている」

ロレンス「何も書かれてはいない！」〈引き返そうとする〉

アリー「ならば好きにしろ！　お前のばちあたりな思い付きで我々をここに連れてきた目的は何だったのだ？　おい？　ばちあたりなイギリス人！　アカバ？　アカバか？　お前はアカバには行けないぞ、イギリス人！　好きにしろ、ばちあたりめ、アカバに行けなくていいのか？」

ロレンス「私はアカバに行くよ。それは書かれているのだ……ここにね」〈自分の頭を指差し、ラクダを鞭打《むちう》ちながら去って行く〉

そしてロレンスは一人で引き返し、灼熱の砂漠のなか、ガッシムを探し出す。二人は無事帰還し、彼はベドウィンたちの歓喜にあふれた大賞賛を受けることになる。その時ロレンスは水の入った革袋をアリーから受け取り、再び言う。「何も書かれていない」と。

アリーはその夜、焚き火の傍でロレンスに言う。「書かれることなく、自ら書くことができる者がいると分かった」と。つまり、ロレンスは自ら運命を切り開くことができる者だと認められたのである。そして彼はベドウィンたちの絶大な信頼を得てアカバ攻略に成功するが、その後、苦悩の日々を送ることになる。この人生の成り行きもまた、この時点ですでに「書かれていた」ということなのであろうか。

このやりとりはロレンスの自伝的著作『知恵の七柱』では見当たらないので、映画用に作られたのであろう。英語でなされてはいるが、アラビア語の「書く」という言葉の用法――「運命が書かれる」――を踏まえた絶妙なセリフまわしとなっている。

クルアーンの句に読み込まれる「天の書」のイメージ

ここであらためて断っておかなければならないが、クルアーンには「天の書」という名称は登場しない。これから見ていくように、「護られた書板」や「明瞭なキターブ（書）」、「キターブの母」などと異なる名称で呼ばれている存在のことを、本書では「天の書」と総称している。アラビア語文献ではこれらは「護られた書板」と総称されている。だがそれでは日本人読者には具体的なイメージが湧きにくいのではないかと考え、「天の書」と呼ぶことにした(また、欧米の研究者も同じように「天の書 Heavenly Book」と総称することが多い)。

また、この「天の書」に関連して、メソポタミア神話に登場する「運命の書」が連想されるかもしれない。例えばバビロニアの創造神話である「エヌマ・エリシュ」では、「書板」が神の全権の象徴として奪い合いの対象となっている。ジャン・ボテロは次のように述べ、運命が書かれることで定められるという発想の背景を説明している。

前三千年紀初頭以来、文字が発明され、実生活においても知的活動においても文字が重要な役割を果たしてきたこの地において、人々は、このようにして定められた運命が神々によって「運命のタブレット」に刻印される、と想定していた。さらには、神々はものを創造したりものに動きを与えたりする際に、何かのなかに決定した運命を書き記す、とも信じられていた。(松島英子訳『メソポタミア 文字・理性・神々』、傍点原文)

イスラームも当然ながら長い目で見てメソポタミア文明の系譜を引き継いでいる。聖書でも「天の書」に似通ったものが言及されており、もしかするとこの概念はメソポタミア文明から継承されているものなのかもしれない。

クルアーンの原型

この「天の書」は、例えば次のようなクルアーンの句で言及されている。

不可視界の鍵は彼（＝アッラー）**の御許にあり、彼以外はこれを知らない。彼は陸と海にある全てを知り、一枚の木の葉も彼が知らずに落ちることはなく、大地の暗闇の穀物一粒が潤っているのか枯れているのか、全て「明瞭なキターブ」にある。**（第6章59節）

地上の全ての動物で、アッラーの恵みを受けないものはなく、彼はそれらの住処や居場所を知っている。全てが「明瞭なキターブ」にある。（第11章6節）

これらの句はアッラーの全知性を主張している。その全知性は、どれほど小さいことでも全ての事柄が「天の書」にあるということで説明されている。ゆえに、今まで述べてきた全事象がアッラーによってあらかじめ決定されているということを示唆する句として解釈されている。また次のような句も見られる。

いやこれは尊きクルアーンで、「護られた書板」にある。（第85章21‐22節）

明瞭なキターブ（＝クルアーン）**に誓って。実に我々はそれをアラビア語のクルアー**

ンとした。汝らが理解するために。それは我々の御許の「キターブの母」にあり、高く賢い。（第43章2-4節）

実にそれは尊いクルアーンであり、「隠されたキターブ」にある。清められた者たちの他は触れることができない。（第56章77-79節）

これは、クルアーンがそもそも別のどこかに存在していたということを示唆する句である。ここでは「護られた書板」、「キターブの母」、「隠されたキターブ」と呼ばれているが、これらはクルアーンの原型である「天の書」のことだと解釈されている。

なぜ「天の書」が必要か

「天の書」は具体的にどのようにイメージされてきたのだろうか。クルアーンの句のみでは具体性に欠けるが、次のような伝承からある程度そのイメージがうかがえる。どうやら「天の書」とは、とてつもなく大きく、貴重な材質からつくられた、光り輝くすばらしい「キターブ」であるらしい。

実にアッラーは「護られた書板」を白い真珠から創造し、そのページは赤い宝石（ルビー）で、その筆は光、その筆跡も光である。（イブン・カスィール『解釈』など）

アッラーは「護られた書板」を所持している。その大きさは歩くと五〇〇年かかるほどである。白い真珠ででき、表裏にルビーの表紙があって、アッラーが持っているのはこの二枚の板なのである。(タバリー『解明』など)

また、その内容や存在意義はいかなるものであろうか? タバリーは次のような伝承を引用している。

アッラーは「筆」を創造し、「書け」と言った。すると(「筆」は)「何を書くのですか?」と尋ねたので、(アッラーは)「復活の日までのあること、なされた行為、敬虔なこと、不道徳なこと、もしくはハラール(許可)やハラーム(禁止)に分類される日常の糧《かて》、そしてそれらよりも必要性の高い全てのものがこの世に生じ、何年存在するのか、どうやってそこから去っていくのかを書け」と言った。(タバリー『解明』)

これは前述したアッラーと「筆」との対話伝承の一バージョンである。ここでは「カダル」という言葉ではなく、さらに具体的にその内容が言及されている。「書かれる」対象は、この世が終わりを迎えて人々が最後の審判にかけられる「復活の日」に至るまでの全事象だとされる。

タバリーは『解明』で「明瞭なキターブ」（第6章59節）解釈としてこうも述べている。

存在しているもの、存在しつつあるもの、まだ存在していないもの、どれも「護られた書板」（=「天の書」）に定められていないものは何もない。それらはここに書かれていて、その数や量、存在している時間、終わりの状況についても描かれている。

さらにタバリーは、アッラーは全てを知り、忘れることなどがないはずなのに、なぜ「天の書」に書かれる必要があるのかという問いを提示する。そしてこの問いに対して、それは天使の存在と関係していると答える。彼によれば、天使たちは人間の諸行為を正しく記憶・記録しているかどうか、アッラーによって試《ため》されているという。天使たちは人間の行為を逐一書き、それが「記録の書」となる。一方、天使たちは記録した後、天に昇って「天の書」を見て、自分たちが書いたことが合っているかどうか確認する。そのために「天の書」が用いられるというのである。天使たちが記録という義務を間違いなく果たしているかどうかをアッラーが「試験」する際、「天の書」にあらかじめ書いておくことで「答え合わせ」ができるということであろう。

するとこれは次のような状況だということだろうか。「天の書」にあらかじめ全ての事柄が書かれている。人間はこれに従って行動する。そしてそれを天使たちが記録する。その記録された内容が「天の書」と合致していることが確認される――。つまり「天の書」にある内容が全てであり、その絶対性はゆるぎないものであるように見える。これはアッラーが定めた運命の絶対性をも意味している。

では人間の行為が書かれている「記録の書」の存在理由は一体何なのであろうか？　次にこの書について見ていきたい。

3 「記録の書」と人間の自由意志

イスラームの運命観

アッラーは全知全能の絶対的存在である。人間を含めた全存在の全事柄をあらかじめ決定する。そうすると、人間には自由意志がないのだろうか? クルアーンは人間の意志を認めているが、最終的にはアッラーの意志によって決定されると示唆しているようである。

これ（＝クルアーン）**こそが、万世への訓戒である。汝らのなかで、正しく進みたいと望む者たちへのもの。だが万世の主であるアッラーが望まないかぎり、汝らの望むことは起こらない。**（第81章27－29節）

そもそも運命論の持つ論点とは何だろうか。全知全能の絶対的一者が全ての事柄をあらかじめ決めてしまい、それに全く変更がないならば、人間の自由意志がはたらく余地はあるのだろうか? さらにそれに基づいて天国に行くのか地獄に行くのかに関して審判が下されるとすれば、人間の自由意志によって努力をして善行を積むことは無意味なのではないか？　そうすると、人間は自分の行為に責任を持つ必要はないのではないか？　このように、アッラーの全知全能性を突き詰めれば人間の卑小性が強調され、人は無意味な存在に成り下がってしまう可能性がある。

イスラーム初期に、この点に関して意見を対立させた神学者たちがいた。カダル派とジャブル派である。カダル派はカダル（運命）を否定して人間の自由意志を肯定した（名称は「カダル派」であるが、それを肯定しているわけではないので注意）。他方、ジャブル派はこれと反対の立場でカダルの絶対性を主張した。

その後、カダル肯定寄りの立場を取るアシュアリー派が現れて神学派の主流となり、カダル派の立場を引き継いだ自由意志肯定寄りのムウタズィラ派は衰退した。そして「カダル」が「六信」の一つに含められていることからも明らかなように、これはイスラームの信仰の基本となっている。

このような運命論的発想は、アラブ人の生活環境によるとも考えられる。レバノン出身でアラブに出自を持つアメリカの社会人類学者サニア・ハマディは、アラブ人の運命観を次のように痛いほど鋭く描写している。これが書かれたのは一九六〇年であり、現在の意識には変化が生じていると思うが、イスラームの運命論の背後にある意識をよく表現しているので、ここで引用して紹介しておこう。

……アラブ人たちは、環境をある程度左右し、自ら運命を切り開き、気持次第で願いごとをかなえ、自分の行動で運命を変えることがかなり可能だという事実に、ほとんど気づいていない。

彼らのあきらめと自己犠牲の態度には、多くの要因がからみ合っている。その最大のものは宗教的な影響力だが、経済要因もまたアラブ人の運命観を形成するうえに大きな役割をはたしている。大部分のアラブ人は、何代にもわたって、恵まれない悲惨な生活を送ってきた。

彼らの運命論者的な態度は、生まれてから死ぬまで、いつも物質的に足りない中で生活してゆくという現実の経済状態から生まれたものである。……（笠原佳雄訳『アラブ人とは何か』）

最後の審判と「記録の書」

ここで「記録の書」について考えてみたい。イスラームではアッラーによって全てがあらかじめ定められているという見解が優勢となっている。「天の書」概念はこの立場を強化するために極めて有効であったと言えよう。しかしそうであるからと言って、人間が好き勝手な行動をとって良いわけではもちろんない。人間は最後の審判で裁かれるのであり、それは現世での行為に基づいて審査される。

その現世での行為は天使が記録している。これが「記録の書」と本書で呼んでいるものである。なぜ、このような呼び方をするのかと言えば、クルアーンではただ「キターブ（書）」としか表現されていないからである。

復活の日に我々（＝アッラー）**はキターブを彼に出し、彼はそれが開かれているのを目の当たりにする。「汝のキターブを読みなさい。汝の魂はこの日、汝のための計算に十分である」**（と呼びかけられる）。（第17章13−14節）

つまりこの世の最後の時に、「記録の書」が人々の目の前に突きつけられる。そして、「これを読め、計算のために十分な情報があるぞ」と言われる。この「計算」とは、「記録の書」に書かれている内容のなかで良いことと悪いことのどちらが多いか数えることである。良いことが多ければ天国へ、そうでなければ地獄へ、という裁きが下る。

この最後の審判と「計算」についても興味深い伝承が伝えられている。

人類よ、あなた方の書（サヒーファ）が平らに開かれる。高貴な二人の天使が一人は右にもう一人は左にいて、あなたの担当となる。右側の者はあなたの良き行為を記録し、左側の者はあなたの悪しき行為を記録する。少なくても多くても望むように行動しなさい。あなたが死ぬ時、その書はたたまれる。（タバリー『解明』）

そしてタバリーはこう解釈を加えている。この二人とは書記天使のことで、現世で人間がした行為を記録している。そして（最後の審判の時に）人間は自分の「記録の書」を自ら読み、数えて計算する。アッラーはこれ以外の証拠を要請せず、ただここからのみ判断する、と。

この「記録の書」は、「サヒーファ」というアラビア語で言い換えられることが多い。「サヒーファ」とは、すでに預言者たちに与えられた「聖なる書」に関するくだりで言及したように、羊皮紙かパピルス紙の一枚のシートのことである。「記録の書」は開かれたりたたまれたりする形態だと考えられていたようだ。「天の書」が巨大で壮麗であるのと対照的な、個人向けの記録簿といったイメージの書である。

天国か地獄か

クルアーンは善行が多かった者とそうでなかった者それぞれについて、最後の審判での様子を描写している。

右手にキターブを渡された者はこう言う。「おおほら、私のキターブを読め。私は計算がやってくると分かっていた」と。（第69章19−20節）

右手にキターブを渡された者とは善行の多かった者である。この句は続いて、彼らがこの後楽園に行き、好きなだけ果物を食べるといったその愉悦について描写している。この句に関しては次のような伝承が伝えられている。

「最後の審判の日」のイメージ
（https://www.islamicfinder.org より）

復活の日（＝終末の日）にアッラーは人間の傍にやって来て、その者の書（＝「記録の書」）のおもて側に記されている悪行を逐一明らかにする。そしてアッラーが「お前はこれこれのことをしたな」と言うと、その者は「はい、全てそのとおりです、我が主よ」と答える。するとアッラーは「私はお前に対してこれで辱《はずかし》めるようなことはしない。すでにもうお前を赦《ゆる》している」と言ったので、彼はその時、復活の日の屈辱（＝地獄に行くこと）から逃れたと分かる。よって〔嬉しくなって〕「おおほら、私のキターブ（＝「記録の書」）を読め。私は計算がやってくると分かっていた」と言う。（イブン・カスィール『解釈』）

他方、悪行が多かった者たちは次のような状態になるという。

キターブが置かれ、罪人たちがそこにある内容に戦々恐々としているのを見るであろう。彼らは言う。「なんと情けないことだ。このキターブは何としたことだ。小さなことも大きなことも数え立てられていないものはない」と。自分が行ったことが目の前に突きつけられる。汝の主は誰をも不当に扱わない。（第18章49節）

このことをタバリーはこう説明している。

つまり、彼らはそれぞれのキターブを読んだ時にこのように口にしているのである。そして彼らの罪の小さいものも大きいものもそこに書かれていると知り、アッラーの罰を確信した。その時に、「なんと情けないことだ」と叫び、彼らのキターブが数えあげている諸々の悪しき行為を知らされて騒いだのである。彼らはその正確さを否定できな

ムスリムの伝統的な人生観

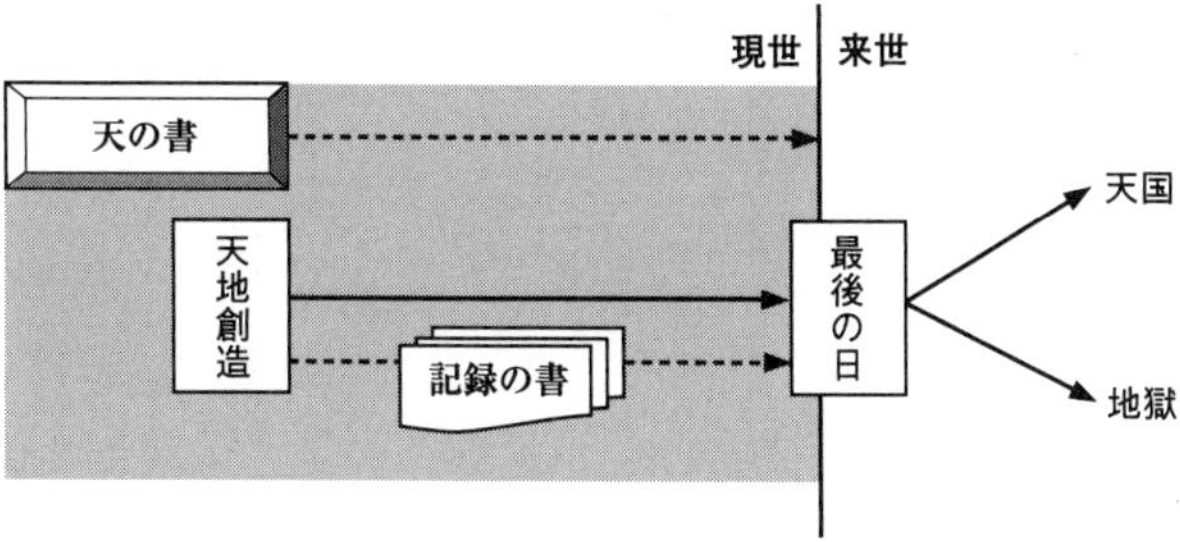

かった。……悪行に対しては同じことで報われ、善行に対してもアッラーが同じことで報いる。（タバリー『解明』）

現世を試験期間とすれば、この「記録の書」は試験結果の通知というところであろうか。それぞれが悲喜こもごもの反応を示すことになる。それは天国へ行くか、地獄へ行くかの判定なのだから。

天使たちは全てを書く

記録する天使について、クルアーンはこう述べている。

二人の者が出会って、右から左から座を取ると、まだ一言も言わない時でも待機して監視する。（第50章17-18節）

この句によれば、人間の右と左に二人の天使がいて、監視している。そして人間が何か一言でも口にすれば、それを記録するという。この時、右にいる天使は善行を、左にいる天使は悪行を担当しているとされることは先に述べた。

実に汝らには記録者（＝天使）**たちがいて、それらは高貴な書記。汝らのしていることを知っている。**（第82章10-12節）

この句によれば「記録者」や「書記」が人間の行為を知っているという。これらは天使たちのことで、彼らは人間の言動を逐一記憶・記録していると考えられているのである。これらの句に関連して、行為がどのように記録されるのかについて詳細を述べている伝承がある。

〔天使たちは〕善いことも悪いことも〔人間が〕話したこと全てを書く。「私は食べた」「飲んだ」「行った」「来た」「見た」という言葉まで書くのだ。そして木曜日になると、その者の言葉や行為を見直し、そのなかの善と悪を定めて、その他を破棄した。（イブン・カスィール『解釈』）

人間の言ったこと全てが逐一記録される。だが木曜日、つまりイスラームの休日である金曜日の前日になると、その週の記録の見直しがなされる。その時、善悪に分類される言葉は残されるが、それ以外は記録から消されるという。これはつまり、最後の審判に関係するデータのみが残されるということである。

また次の伝承は同じ内容について述べているが、さらに詳細な描写がなされている。

善行を書く者（＝天使）は右からその者の善行を書き、悪行を書く者は左からである。その者が善行をなすと右の者は一〇倍にして書き、悪行をなすと右の者は左の者に「それを書きとめよ。彼がアッラーを讃えるか赦しを求めるまで」と言う。木曜日になると、報いの対象となる善悪を書き、それ以外を破棄する。そして「キターブの母」（＝「天の書」）と照らし合わせると、その全体がそこにあることに気づくのである。（スユーティー『真珠』）

この伝承には、前の伝承に加えてさらにいくつかの事柄が含まれている。善行は一〇倍にして書かれ、強調される。一方、悪行はアッラーの赦しによって免罪措置が取られる可能性が示唆されている。また最後に「天の書」が言及され、木曜日に見直された後の状態の「記録の書」が「天の書」に含まれていると主張されている。

行為が記録されている様子を伝える伝承も見てみよう。

まことアッラーは、あなた方に裸でいることを禁じた。よってアッラーの天使たちの前で恥を知りなさい。彼らはあなたと共にいる「高貴な書記天使」で、排泄、儀礼上の不浄（＝性交）、入浴という三つの〔生理的〕欲求の時を除いて、あなた方から離れることはない。（イブン・カスィール『解釈』）

このように裸を見せることになる排泄や性交、入浴という時以外、常に天使たちは人間の傍で監視しているという。

また次のような伝承も伝えられている。

まことアッラーは、アダムの息子たち（＝人間）についてよく知っている。計算する〔役割の〕天使たちがいて、彼らが人間の諸行為を分かっているのだ。彼らは人間がアッラーへの敬虔な行為を行っているのを見た時、その者について口にして、「今夜は某が幸いなるかな、今夜は某が救われた」と〔他の天使たちに〕呼びかける。一方、人間がアッラーへの背信行為を行ったのを見た時、その者について口にして、「今夜は某が滅びる」と呼びかける。（イブン・カスィール『解釈』）

天使たちは人間の行為を記録する時、お互いに会話を交わしているようである。善行をなす者がいた時には「よかった」と言い合い、悪行をなす者については「地獄へ行くかもしれないぞ」と語り合っている。

運命は書き換えられるか

さて、最後に「記録の書」と「天の書」との関係について考えてみたい。それは、人間の自由意志と運命との関係ということでもある。

前の節で、「天の書」の存在理由を、天使が「記録の書」の内容が合っているか、「天の書」と見比べて確認するためとする解釈を見た。それは、「記録の書」の内容が結局のところ「天の書」にあらかじめ存在することを意味している。つまり人間の自由意志によると思われる言動も、実はあらかじめ定められ、決して変えることはできないということのようである。

だが、この大前提を認めたうえで、それでも運命の「書き換え」、つまり変更を願う意識が表れている諸伝承が存在する。それらは次のクルアーンの句を根拠としている。

アッラーは欲することを取り消し、また確定する。彼の御許には「キターブの母」がある。（第13章39節）

この句を読むと、「キターブの母」（＝「天の書」）にある内容はアッラーの意志があれば書き換えられる、つまり変更されるのではないかとも思われる。だが一度決定されたことが変更され得るのだろうか？　ムスリムたちの解釈には、この「キターブの母」が絶対に変更されないとする立場と、一部変更がなされ得るとする立場とが見られる。ここでは後者の立場がどのように説明されているのかを見ていこう。

例えばタバリーはこの句に関して、アッラーは人間たちの諸事について欲することを取り消し変更するが、不幸と幸福、生と死だけは変えられることはないと解釈している。そして、次のような伝承を引用している。

アッラーは幸不幸と生死以外のその年の事柄を「カドルの夜」にあらかじめ定める。

（タバリー『解明』）

この伝承が示している見解は、その人間の人生の幸・不幸・生・死はあらかじめ定められているが、それ以外の事柄は毎年決められるので可変だということである。

この「カドルの夜」とはラマダーン月の下旬（二七日とされることが多い）の夜で、クルアーンが最初に啓示されたとして現在でも祝われている。「天の書」とクルアーンとの関係を考える鍵となる夜であるが、これは次節で詳しく述べたい。

運命の「書き換え」を願う祈禱句

先の句に関してイブン・カスィールも、幸・不幸・生・死の四つの事柄を除く全てのことについては、書き換えがなされ得るとの解釈を示している。そしてその「書き換え」を願うために、祈禱句（ドゥアー）が有効だとする伝承を引用している。

生活の糧を罪で追い払うような者は害される。カダルに対峙《たいじ》できるのは祈禱だけである。寿命を延ばすのは善行による。（イブン・カスィール『解釈』）

生活の糧や寿命はあらかじめ定められていることである。だがこの伝承によれば、罪や善行という人間の行為によって変更され得るという。さらに祈禱こそが運命《カダル》を変えるために有効であるという。

そして、この祈禱句とは次のようなものだという。

おおアッラーよ、あなたが我々に「不幸」と書かれたならば、それを消して「幸福」とお書きください。もし我々に「幸福」と書かれたならそれを確定してください。実にあなたは望まれることを消し、確定なさるのですから。そしてあなたの御許には「キターブの母」があるのですから。（イブン・カスィール『解釈』）

さらにスユーティーも類似の祈禱句を伝えている。こちらはより長いもので、最後に第13章39節がそのまま盛り込まれている。

もしあなたがあなたの御許にある「キターブの母」に私について「不幸」と書かれたのなら、「不幸」の言葉をそこから消してください。あなたの御許で私について「幸福」と定めてください。また、私に対して「生活の糧を少なく乏しくする」とあなたの御許にある「キターブの母」に書かれたのなら、私に対して「減らす」を消し、生活の糧を与えてください。そしてあなたの御許に私が幸福でよき事を得られるよう定めてください。なぜならあなたは、あなたが下されたキターブ（＝クルアーン）のなかで、「**アッラーは欲することを取り消し、また確定する。彼の御許にはキターブの母がある**」と述べてらっしゃるからです。（スユーティー『真珠』）

悔い改めの夜

実はこの祈禱句は、今でもシャアバーン月第一五夜に唱えられることがある。この夜は

「悔い改めの夜」や「（アッラーによる）赦しの夜」とも呼ばれ、その翌月のラマダーン月に向けて心身の準備をする時期に入ったとも認識される。

例えば、一九世紀のエジプトの生活様式を詳細に記録したエドワード・レインの『現代エジプト人の風俗と習慣』も、この夜について伝えている。

「シャアバーン月の中間の夜」、つまり「ライラ・ヌスフ・ミン・シャアバーン」は、その月の第一五夜（第一五日に先行している夜）で、ムスリムたちによって大変に尊重されている。なぜならば続く一年における全ての人々の運命が確定される時であるからである。（レイン『現代エジプト人の風俗と習慣』）

そして彼は具体的に、天国にある「最果てのスィドラ〔の樹〕」の葉にその翌年の生死が予兆として現れるという伝承に言及している。この葉には各個人の名前が書かれており、その葉がこの夜に落ちるならば、その翌年に死が訪れるという。

ちなみにレインの言う「第一五夜（第一五日に先行している夜）」の意味であるが、これは一日の始まりが朝ではなく日没であると考えるムスリムの発想に基づく。朝に一日が始まると考える文化圏の人にとって「第一五夜」とは第一五日の後に来るが、日没で一日が始まる場合は、その「第一五日」の夜が明けるまでの深夜が「第一五夜」になるということである。

さて、レインはさらにこう続けている。

ゆえに、まじめで考え深いムスリムたちにとって、これは大変に恐ろしい夜なのである。よって、彼らは粛々と熱心な礼拝でもってこの夜を祝う。日没直後になされる通常の夜の礼拝のすぐ後に、特別な形態の礼拝がなされる。（レイン『現代エジプト人の風俗と習慣』）

レインによれば、この夜、人々はモスクに集まり、礼拝を先導する役を果たす導師を雇うこともあったという。そして彼らはまずクルアーンの句を、そして次のような祈禱句を唱えたという。少し長いが、ムスリムがアッラーに語りかける心情がよく表れているので、略さずに引用しておこう（改行筆者）。

おおアッラーよ。おお、親切であるが〔完璧な存在なので〕親切にされる必要のない御方よ。おお、威厳と高貴さの主よ、おお、強さと恩恵の主よ。あなた以外に神はいない。あなたこそが避難を求める者たちの支えであり、助けを頼む者たちの援助者であり、恐れる者たちの頼りである。

おおアッラーよ。もしあなたの御許の「書物の源」（＝「キターブの母」＝「天の書」）に、「悲惨、不幸、生活の糧が乏しい」と書かれたならば、どうか消してください。おおアッラーよ。どうぞあなたのお力で、私の悲惨さ、不幸、生活の糧の乏しさを、あなたの御許の「書物の源」に、「幸福、生活の糧が与えられる、良き事に向かっている」とお定めください。なぜならば、あなたが遣わされた預言者の舌を通して下されたあなたのキターブ（＝クルアーン）において、次のように言われているからです（あなたの言葉は真実です）。「**アッラーは欲することを消し、また確定する。彼の御許にはキターブの母がある**」と。おおアッラーよ。尊いシャアバーン月の中間の夜における顕現でもって、その時、「**全ての賢きことが明確にされる**」と。私は知っていたり知らなかったりしますが、あなたこそが最もご存知であるさまざまな苦しみが、私から遠ざけられますように。

あなたは最も尊く強くあらせられる。我々の長ムハンマド、非識字の預言者、そしてその家族と教友をアッラーが嘉《よみ》し赦し給いますように。讃えあれアッラー、全世界の主に。（レイン『現代エジプト人の風俗と習慣』）

この祈禱句はすでに述べたように、ムスリムの古典期の解釈者たちが伝えるものを中核として含み、その前後にアッラーを讃える言葉などを付け加えたものである。その主たる内容は「天の書」に書かれた不幸などに関する事柄の書き換えを願うものであり、それがシャアバーン月第一五夜になされると認識されているのである。

このようにレインの見聞したところによれば、この「天の書」の書き換えを願う祈禱は、「スィドラの樹」と関連づけられた民間信仰のなかの一部として取り込まれている。現在ではこのような民間信仰を取りのぞいて、直接アッラーに悔い改めを伝える夜の祈禱句として用いられることもあるようである。

いずれにしても、「天の書」の書き換えを望む心情がこの祈禱句ににじみ出ている。人は運命があらかじめ定められていると分かっていても、その内容が少しでも自分に良いように変更されることを願っているのである。人間の意志はこのような祈禱句を唱えるところに、わずかながら存在しているということかもしれない。

この「シャアバーン月第一五夜」は、少し前に言及した「カドルの夜」とともに、「天の書」とクルアーンとの関係を考えるにあたって鍵となる夜である。それを次の節で見ていこう。

4 「天の書」からクルアーンへ　啓示が下される時

「天の書」とクルアーンとの関係

ここまでで、「天の書」のイメージがある程度見えてきただろう。それは天にある巨大な書板で、現世の全事象があらかじめ書き込まれている。また、人間行為の「記録の書」も、実は全てここにあるという。

さらに前述したように、「天の書」にはクルアーンの原型としての側面がある。このことを示唆するクルアーンの句はすでに見たとおりである。ただしこれらの句からは、「天の書」とクルアーンに関する具体的な関係は見えてこない。解釈書を見ても、「護られた書板」は「クルアーンの源」である、または「地上の諸啓典の源」である、といった説明がなされている程度である（この「諸啓典」とはモーセ、ダビデ、イエスに与えられたもののことである）。

「天の書」にあるクルアーンの様子を知るには、そのイメージを喚起してくれる伝承に頼らなくてはならない。スユーティーが『真珠』で伝えているものによれば、「キターブの母」には復活の日までにあることが全て書かれていて、三人の天使がその内容を分担して記憶している。そのなかでガブリエルが啓示の担当で、それを使徒たちに下す役割を担っているという（ほかの二人は、雨担当の天使ミカエルと死者担当の「死の天使」）。ここから、「天の書」に書かれている内容の一部として啓示が含まれ、それが下されて地上の啓典になると考えられていることがうかがえる。

だが、「天の書」とクルアーンとの関係についてのムスリムの主な関心は、このような天での状態ではなく、天から地上に下される過程、つまりどう啓示されるのかに向けられているようである。ここには上下関係、つまり垂直関係が存在する。クルアーンの日本語訳者であり、また多くのクルアーン研究書も著した井筒俊彦はこう述べている。

イスラーム的世界像においては、神は「不可視界」、人は「可視界」にあり、両者は互いに存在レベルを完全に異にする。従って、人間にたいする神の語りかけは、この世界像の図式では上から下へ、であり、垂直的である。（「言語現象としての「啓示」」）

クルアーンが天から下された夜

クルアーンを読むと、それが「下された」様子について述べる句がいくつも見られる。ここでは次の句に注目したい。

ラマダーン月、クルアーンはその時に下された。人間への導きとして、導きと識別の明証として。（第2章185節）

明瞭なキターブ（＝クルアーン）**に誓って。実に我々**（＝アッラー）**は「祝福された夜」にそれを下した。我々は警告する者。その時、全ての賢きことが明確にされる。**（第44章2-4節）

まこと我々（＝アッラー）**は「カドルの夜」にそれを下した。**（第97章1節）

このように「ラマダーン月」「祝福された夜」「カドルの夜」という三つの暦が登場している。

「カドルの夜」についてはすでに少し述べたように、ラマダーン月下旬のある夜とされている。だが、クルアーンのなかでは、「カドルの夜」がラマダーン月にあるとは明記されていない。

ブハーリーの『サヒーフ』を見ると、「カドルの夜の功徳」章にあるいくつものハディースが、「カドルの夜」がラマダーン月下旬の夜であると述べている。しかし、具体的な日付に関しては一致していない。この月の最後の七もしくは一〇日間の奇数日とするハディースがあり、二三、二五、二七、二九日が具体的に挙げられている。また偶数日だが二四日という伝承もある。このように決定的な伝承は見られない。いずれにしても権威あるハディース集にこのような伝承が伝えられていることからも、この夜がラマダーン月であることは確定的となり、現在も「カドルの夜」はラマダーン月の下旬（二七日頃）に祝われている。

また、この夜はクルアーンが下された夜とされるが、これもクルアーンでは明言されていない。第97章1節では「下されたもの」は「それ」と述べられているのみである。ラマダーン月にクルアーンが下されたとする第2章185節と合わせてようやく、「カドルの夜」にクルアーンが下されたということが明瞭になっている。

さらにこの夜の特性について、第97章1節に続いてクルアーンはこう述べている。

「カドルの夜」が何であるか、あなたに理解させるものは何か？「カドルの夜」は千の月よりも良いものである。その夜、天使たちや精霊（ジン）が主の許しを得て全ての命を持って下る。（第97章2-4節）

ここでは「カドルの夜」が特に優れた夜であること、その理由は天使やジンが下ってくるからだということが述べられている。クルアーンについては直接言及されてはいない。

また、ブハーリーの『サヒーフ』「カドルの夜の功徳」章は、この夜に礼拝すれば過去の罪が赦されるとするハディースを伝え、この夜の特性について語っている。ここでもクルアーンが啓示されたということを示すハディースは伝えられていない。

しかしクルアーンの解釈書を見ると、「カドルの夜」が啓示の下された大切な夜であることを強調する伝承が多く含まれている。例えばタバリーは第97章1節についてこう解釈している。

〔この句の意味は、〕我々（＝アッラー）はこのクルアーンを「カドルの夜」に、一度に最下天に下した〔ということである〕。それは判定の夜であり、その時アッラーは事柄を定める。それは人々が「アッラーは私にこの事を定めた（カッダラ）」と言っているところのことである。つまり、アッラーはカドルを定めたのである。（タバリー『解明』）

ここにはいくつか重要なポイントが含まれている。「カドルの夜」に下されたものがクルアーンであると明言されているうえに、それが「一度に」「最下天に」下されたとされている。またこの夜が「カドルを定める夜」だとも説明されている。「カドル qadr」は「カダル qadar（運命）」に似ているので少し紛らわしいかもしれない。「カドル」は「力・分量・程度」を意味し、よって、この「カドルの夜」は「力の夜」とも呼ばれる。この二つの言葉はどちらも q-d-r という共通する子音（語根）を持つ派生形であり、意味範囲が近しい関係にある（ちなみに「カッダラ qaddara（定める）」も同じ源からの派生語）。このようにクルアーンでは全く言及されていないが、「カドルの夜」は定めの夜であり、かつクルアーンが下された夜とされている。

イスラームの天体観

その他の二つの暦、「ラマダーン月」と「祝福された夜」に関しては後で検討することにしたい。その前に、この啓示の経緯の全体像と、その意味を考える必要がある。よって「一度に」と「最下天」に関して検討していこう。イブン・カスィールもこの句の解釈として次のような伝承を伝えている。

アッラーはクルアーンを一度に、「護られた書板」から最下天にある「力の聖殿」に下した。そして、二三年間にわたってアッラーの使徒（＝ムハンマド）に分割して、出来事に応じて下した。（イブン・カスィール『解釈』）

つまり最下天から地上に下される時、クルアーンは分割されていると考えられている。「天の書」から最下天まで「一度に」下されたのとは対照的である。この点について考える前に、最下天を含む天体観についておさえておいた方がよいだろう。

クルアーンの啓示様式の伝統的な認識

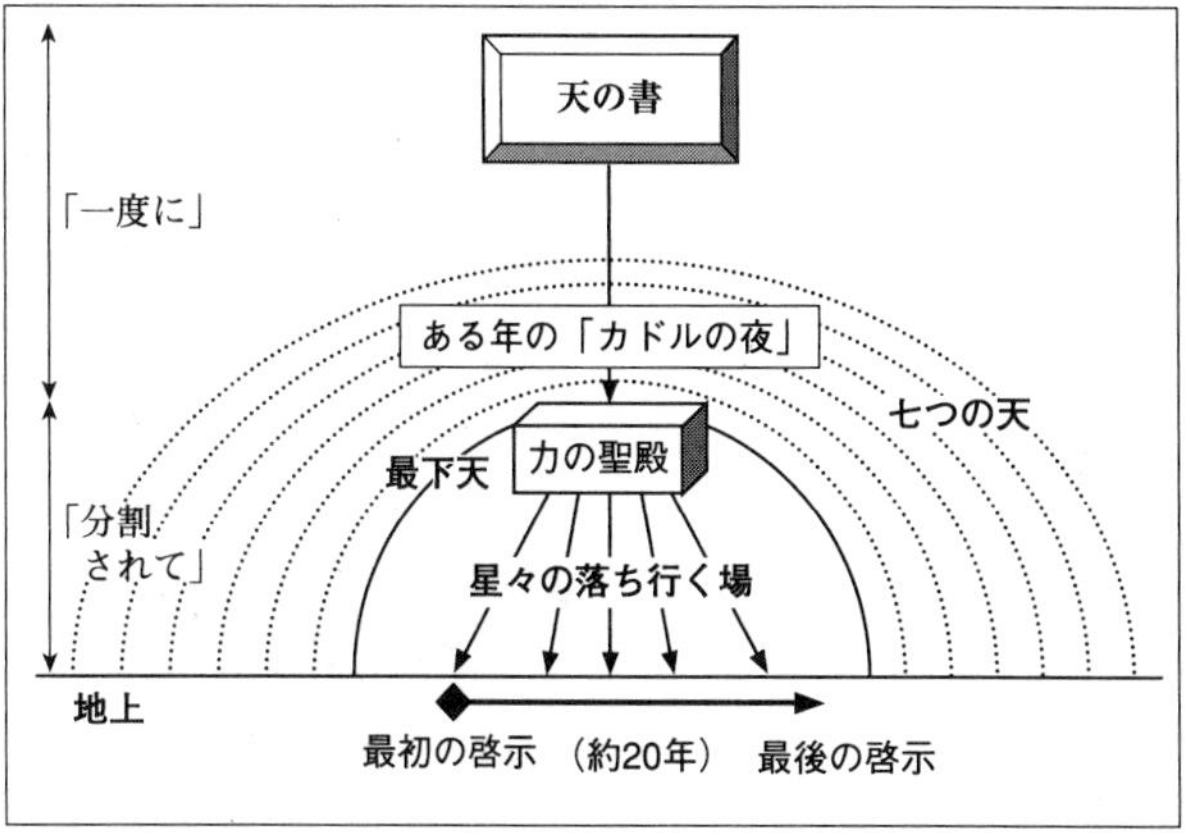

クルアーンでは天に関しては次のようにも述べられている。

彼（＝アッラー）**こそは、汝らのために地上の全てを創造した御方。そして天に昇り、それを七つの天とした。彼は全てのことに通じている。**（第2章29節）

実に我々（＝アッラー）**は、最下天を星々で飾り付けた。**（第37章6節）

これらの句から、天が七つの層からできていて、その最下天に星々がちりばめられているという、天に関するイメージが浮かび上がる。クルアーンではその詳細に関しては言及されていないが、伝承が具体的な様子を伝えている。

それは地球の上にお椀型のドームのよう

な天が七つあるというようなイメージである。七つの天はそれぞれ材質が異なるとされ、例えば最下天から最上天に向かって、水、大理石、鉄、銅、銀、金、ルビーでできているという伝承や、またエメラルド、銀、ルビー、真珠、金、緑のジルコン、光でできているという伝承もある。また、最上天にはアッラーの玉座があるとされる。

　最下天は人間が目にすることができる領域であり、前述の伝承によれば「力の聖殿」があるとされる。この聖殿は別名「参拝者の絶えぬ聖殿（バイト・マアムール）」とも呼ばれ、次のようにクルアーンで言及されている。

「力の聖殿」に対応するカアバ聖殿

参拝者の絶えぬ聖殿に誓って、高く掲げられた天蓋に誓って、溢れるほどの大海に誓って。汝の主の罰はこれ、必ず下る。（第52章4-7節）

この句では畳み掛けるように、聖殿や天、海が誓いの対象とされている。これらは全て誓うに値する重要なものだと考えられている存在である。そして誓いの内容は最後の句で表現され、アッラーの罰が必ず下るということが強調される、という構造の句となっている。

とはいえ「聖殿」については、この句からでは具体的な情報は得られない。そこで伝承を見てみると、この「聖殿」は地上のメッカにあるカアバ聖殿と対応し、その真上に位置しているという。カアバ聖殿に人々が巡礼月以外でも常に詣《もう》でるように、天にあるこの「力の聖殿（＝参拝者の絶えぬ聖殿）」にも毎日七万の天使たちが詣でる。さらにこれら二つの聖殿はイスラームの世界観、ひいては宇宙観で重要な役割を担っている。伝承によれば、このカアバ聖殿は地上の中心であり、ここことアッラーの玉座との間にあるのが「力の聖殿」であるともされる。クルアーンが下された道筋は、このアッラーの玉座（天の書）→「力の聖殿」（最下天）→メッカ（カアバ聖殿）という宇宙の中心軸に沿っているとも言えるだろう。

「星々の落ち行く場」

クルアーンはまずアッラーの御許の「天の書」にあり、そこからその全体がまとめて最下天に下され、この「力の聖殿」に置かれる。そしてここからクルアーンは、「一度に」

ではなく「分割されて」、地上のメッカにいるムハンマドに下されることになる。先ほど引用した伝承では、この過程に関して、「二三年間にわたってアッラーの使徒（＝ムハンマド）に分割して、出来事に応じて下した」と述べられていた。他に「命令や禁止、諸々の戦いに関連して、少しずつ下された」とする伝承も伝えられている。

ムハンマドに実際に啓示が下されたのは二三年間（二〇年や二五年とも）にわたってのことだったと言われる。すでに述べたように、断続的に、ムハンマドの周囲の環境に対応した内容の啓示が下っていた。クルアーンにはアッラーからの命令事項、禁止事項、またいくつもの戦闘に関連した句が多く含まれている。

またさらに、「分割されて」下されたという事実は次のクルアーンの句と結びつけられて、宇宙論的啓示観のなかに組み込まれることもある。

私は誓う、星々の落ち行く場に。これはまことに偉力ある誓いである。もし汝らが知るならば。まことこれは尊いクルアーンであり、隠されたキターブ（＝「天の書」）**にある。**（第56章75-78節）

注目したいのは「星々の落ち行く場」という言葉である。これまでも見たように、クルアーンでは誓いの句が多く用いられている（特にメッカ期、つまり、啓示の初期に現れる）。

52章1―6節でも、海や山、天といった自然の存在が誓いの対象となっていた。クルアーンで誓いの対象となるものは、動きのある行為者や聖なる場所、天文的事象の三つであることが多い。よってこの「星々の落ち行く場」も、単なる誓いの句として用いられているとしても不思議ではない。つまり「星々の落ち行く場」という言葉と、それに続く「クルアーン」や「隠されたキターブ」とを結びつける必要は必ずしもないということである。この場合、誓いの句はただ聞き手(または読み手)の注意を喚起し、後に来る文章を強調するための役割を果たしていると解釈される。

ムスリムによるクルアーンの解釈書を見ても、このように「星々の落ち行く場」を単なる自然現象を指す言葉としてとらえる立場が存在する。それらによれば、「星々の落ち行く場」とは、天にある星が沈んで消えた場所(=地平線)のことや、または「最後の日」に起こる天変地異の一つとして、星々が分散することを指しているという。

しかし他方、「星々の落ち行く場」を単なる自然現象とはとらえず、「クルアーン」や「隠されたキターブ」と結びつけて解釈する立場も見られる。その場合、啓示が下される過程のなかに組み込んで解釈されている。

例えば次のような伝承が存在する。

「私は誓う、星々の落ち行く場に」とは、アッラーはクルアーンを、三節《アーヤ》、四節、五節といった具合に分割して下した、ということである。(タバリー『解明』)

〔クルアーンは〕ラマダーン月の「カドルの夜」、つまり「祝福された夜」に一度にまとめて下された。そして、星々の落ち行く場に沿って、月々、日々、ゆっくりと〔地上に〕下された。(タバリー『解明』)

クルアーンはアッラーの御許にある「護られた書板」から、最下天にいる高貴な書記たち(=天使たち)に一度にまとめて下された。そして、その書記たちはガブリエルに二〇夜にわたってそれを分割して下し、さらにガブリエルはそれをムハンマドに二〇年にわたって分割して下した。これが「私は誓う、星々の落ち行く場に」という言葉〔の意味すること〕で、それは〔分割された〕クルアーンの星々なのである。(イブン・カスィール『解釈』)

「星々の落ち行く場」をクルアーンが分割されて下されたことに関連付ける解釈は、最下天から地上に「分割されて」クルアーンが下されたことを理論的に支えるために有効である。よってこれを単なる自然現象とする解釈以外に、このような啓示理論に組み込まれた解釈が生じたのであろう。

「一度にまとめて」と「分割されて」との関係

繰り返すが、以上のようにクルアーンが地上に下された状況が「分割して」だったというのは、事実を踏まえてのことである。これに反する伝承が伝えられるはずはない。するとここで疑問に思うのは、ではなぜ「一度に」下された過程があったと主張されているのか、ということである。「天の書」から直接「分割されて」ムハンマドに下されたとしても事実に反しないのではないだろうか？

実はクルアーンの啓示の様式に関して、異なる説も存在した。イスラームの伝統的なクルアーン学の重要文献を見てみよう。ザルカシー（一三九二年没）の『クルアーン諸学の明証』とスユーティーの『クルアーン諸学の完成』はどちらも、三つの説が存在すると述べている。

彼らが言及している第一の説（①）が、これまで述べてきた様式である。これを図示すると一九三頁の図のようになる。彼ら二人はこれを支持し、現在に至るまでこれが通説とされている。

②の説はこうである。約二〇年にわたって毎年「カドルの夜」に、アッラーが定めた一年分のクルアーンが最下天に下された。その後、その一年分のクルアーンが一年にわたって適宜分割してムハンマドに下された、というものである。

また、③の説は、クルアーンは「カドルの夜」に下され始め、その後、約二〇年にわたって分割してさまざまな時に下された、というものである。

これら三つの説を次のように分析することができるだろう。現実世界からのみクルアーンの啓示のあり方を判断するならば、簡素に③という判断がなされるのが自然だろう。実際にクルアーンは分割して下されたのだから。その時、最初にクルアーンが下された時をラマダーン月「カドルの夜」とすれば、問題はない。

だが何らかの理由によって、クルアーンが「一度にまとめて」下されたという設定が必要とされる場合には、宇宙論の枠組みを導入して「天の書」から最下天までという段階を設け、①のような啓示理論モデルが生み出され得るだろう。ゆえに「カドルの夜」は、最下天という人間世界に最初にクルアーンが下された時として解釈されることになる。

また②は、①と③の折衷案のような存在である。②は①と同様に、啓示が最下天をはさんで二段階に分けて下されたと主張している。だが①と異なり、「天の書」から最下天までの啓示は一年分ごとに分けられて下されたとしている。これはこの段階で完全に「一度にまとめて」クルアーンが下されたとする①に比べると「一回性」が弱くなり、そもそも「一回性」の段階を設定していない③に近づいていると考えられる。よって折衷的な案だと言える。

そして定説となったのは①であった。

先行啓典の下され方

ではなぜ「一度にまとめて」下されたという最初の段階が組み込まれる必要があったのか、ここであらためて考えていきたい。次のクルアーンの句がその鍵となる。

不信仰者たちは言う、「なぜクルアーンは一度にまとめて、彼（＝ムハンマド）に下されなかったのか」と。それは我々（＝アッラー）**が汝**（＝ムハンマド）**の心を確かなものとし、ゆっくりと**（クルアーンを）**誦《よ》ませるためである。**（第25章32節）

この句では、クルアーンが「一度にまとめて」下されなかったことが不信仰者の批判の対象になっていることが描写されている。さらにその理由が説明されており、「分割されて」下されることによって、ムハンマドがクルアーンをしっかりと受け止めることができるという長所があると述べている。

ではなぜ「不信仰者たち」は、「一度にまとめて下される」ことが神の言葉である条件だと考えているのだろうか？

解釈者たちはこの「一度にまとめて」という言葉に関して、モーセの「律法の書《タウラー》」が念頭に置かれていると指摘している。なぜならば「律法の書」は、地上に一度に下されたからである。例えば次のような伝承が伝えられている。

「(アブラハムへの)聖なる書《スフフ》」と「律法の書《タウラー》」、「詩篇《ザブール》」、「福音の書《インジール》」に関して言えば、これら全ては預言者たちに一度にまとめて下された。しかしクルアーンは、最下天の「力の聖殿」に一度にまとめて下されたのであり、それはラマダーン月の「カドルの夜」のことであった。「**実に我々は「カドルの夜」にそれを下した**」や「**実に我々は「祝福された夜」にそれを下した**」とあるように。そしてその後、出来事に応じて分割してアッラーの使徒に下された。(イブン・カスィール『解釈』)

この伝承は、「律法の書」を含めて全てのクルアーンに先行する啓典が「一度にまとめて」下されたと述べている(とはいえ、解釈書の議論で比較の対象となるのは主に「律法の書」である)。よってクルアーンが分割して下されたということは、他の啓典との相違点であり、その独自性だと考えられている。

さらにクルアーンが下された様式についての批判として、次のような句も見られる。

「啓典の民」は、「今ここで天からキターブを下してみよ」と汝(＝ムハンマド)**に要求する。彼らは以前、モーセにそれよりも大きなことを要求し、「アッラーを明らかにして見せてくれ」と言った。この不正ゆえに彼らは落雷に打たれてしまった。**(第4章153節)

つまりユダヤ教徒たちが、クルアーンがムハンマドの口を通して下されている状況に対して、「なぜそれはキターブではないのか？　天から下された我々の啓典《キターブ》とは違うではないか。よってクルアーンは啓典ではないのだろう」とムハンマドに詰め寄っているのである。特にここではクルアーンが「キターブ（書）」として下されていない点が非難の対象となっている。この批判の背後には、モーセには啓典が「一度に」かつ「書」そのものとして下されたという認識が存在する。

すでに述べたように、モーセは出エジプトの後、シナイ山（とされる）で書板を与えられている。「**我々**（＝アッラー）**は彼**（＝モーセ）**のために全ての事柄に関する訓戒と全ての事柄に関する説明を、板に書いた**」（第7章145節）。つまりモーセは板という具体的な「キターブ」を、一度にまとめて与えられている。しかしクルアーンはこれと異なる「分割された」様式で下されており、この点がこれらの句で論点となっているのである。

クルアーンでは述べられていないが、伝承によれば、モーセへの板は宝石でできていて、アッラーが自らの手で「筆」を用いて書き込んだとされていることはすでに述べた通りである。また次の伝承がその具体的な様子を伝えている。

アッラーはモーセのために「律法《タウラー》の書」を書こうとした時、「おおガブリエル、天国に入って、天国の木から二枚の板を私のところに持ってきなさい」と言った。ガブリエルが天国に入ると、ルビーでできた天国の木に出くわした。その木は慈悲深き御方（＝アッラー）の命に沿って彼に従い、彼はそこから二枚の板を切り出した。彼はその二枚を慈悲深き御方のところに持って帰った。

そして慈悲深き御方が手に取って触れると二枚の板は光になった。玉座の下には光の川が流れていたが、玉座の保持者たち（＝天使たち）は、アッラーが創造した後、この被造物（＝川）がどこから流れて来てどこに流れて行くのか知らなかった（＝それほど豊かな流れであった）。だが慈悲深き御方がそこからインク〔として水を〕を取ったところ、それは枯れてしまい、もう流れることはなかった。〔その後、アッラーが〕モーセに「律法」を手で書いて二枚の板を渡し、彼がそれらを受け取った時、それは石になった。（スユーティー『真珠』）

この伝承によれば、「律法」の書かれた板はルビーでできた天国の木から作られ、ここにアッラーは自ら書き込んだ。その板は天から地上のモーセのもとに与えられた時、光を失い、石になった、という。地上では石の板だという点は聖書の記述と一致している。この伝承は、天と地の間を同一の物が移動することを材質の変化でもって説明しているとも考えられる。このように「律法の書」は形あるキターブとして一度にモーセに与えられたのである。

なぜクルアーンは二段階で下されたのか

ここでひるがえってクルアーンについて考えてみよう。それが与えられた時は、ムハンマドの口を通して伝えられた言葉の断片であった。「啓典の民」からは「一度にまとまってではない」、「キターブではない」と批判されてしまう。よってムスリムたちは「分割されている現実」を肯定的にとらえる啓示理論を必要としたのではないかと考えられる。クルアーンでは前述したように、「分割」されている理由はアッラーが「**汝**（＝ムハンマド）**の心を確かなものとし、ゆっくりと**〔クルアーンを〕**誦ませるため**」（第25章32節）と説明されていた。

この「ゆっくりと誦ませること」の原語は「タルティィール」である。すでにこの言葉に言及したが、現在でもこの用語はクルアーンの読誦術の専門用語として用いられている。「タルティィール」とは意味を考えながら読むことができる程度にゆっくりと誦む、簡素な読誦スタイルを指す。

このクルアーンの句の解釈はさらに、啓示の様式と結びつけられる傾向がある。タバリーによれば、この「タルティィール」とはムハンマドがアッラーの言葉を記憶できるよう一つ一つ時間をかけて下されたことを意味するという。そして、ムハンマドに啓示が下されている約二〇年間に人々の問いへの答えとして具体的に下されたとする伝承が伝えられていることもすでに述べた通りである。
イブン・カスィールも同じ解釈の立場にあり、次のような伝承を引用している。

その時アッラーから彼（＝ムハンマド）にクルアーンとして啓示が朝晩、夜昼、移動している時も止まっている時も与えられた。天使が彼にクルアーンをもたらす時はいつも、それ以前の先行諸啓典のような下され方ではなかった。なぜならばこの〔ムハンマドの〕地位とは、他の兄弟預言者たちよりも高位であり、崇高で偉大な場所だからである。クルアーンはアッラーが下したなかで最も誉《ほま》れ高いキターブであり、ムハンマドはアッラーが遣わしたなかで最も偉大な預言者なのである。よってアッラーはクルアーンに対して二つの特徴を一緒にした。〔その二つとは〕天使たちに対しては、「護られた書板」（＝天の書）から「力の聖殿」に一度に下し、そしてその後、地上へは出来事に応じて分割して下したというものである。（イブン・カスィール『解釈』）

ここではクルアーンが「一度に」下されず「分割して」下されたことが、二段階からなる啓示理論と結びつけて解釈されている。クルアーンの啓示様式は、他の聖典のようにキターブそのものを「一度に」下すというものではなかった。だがクルアーンは二段階からなる啓示様式を持ち、それはクルアーンが先行する聖典に比べて最も偉大であるからだと主張されている。

このようにクルアーンの啓示のあり方は、「分割されたこと」が肯定的に認められ、さらに天上界にもう一つ段階を設定することで「一度にまとめて」下されたと主張されている。そうすることで先行啓典、特にモーセへの「律法《タウラー》の書」との共通点ができ、「啓典の民」にこの点を批判されても反論できると考えたのであろう。かつ、さらに「分割された」段階もあるとすることによって、先行諸啓典よりもクルアーンが優れていると主張することも可能となるのである。二段階に分けられたクルアーンの啓示様式、つまり①の説が選択された背景にはこのような意識があると考えられる。

「カドルの夜」は「ラマダーン月」に含まれる

以上を踏まえて、最後にクルアーンが最下天に下された「時」の問題、つまり暦の問題に関して検討したい。

クルアーンが下された「時」として、三つの「時」を示す句があった。「ラマダーン月」（第2章185節）、「祝福された夜」（第44章3節）、そして「カドルの夜」（第97章1節）である。最後の「カドルの夜」についてはすでにある程度ふれた。「カドルの夜」がクルアーンが下された夜だとする根拠は、クルアーンや最も権威ある二つのハディース集『両サヒーフ』には見られないが、『両サヒーフ』はこの夜がラマダーン月に含まれると伝えていた。

周知のように、「ラマダーン月」は断食が行われる重要な月である。他方この月は、啓示と関連しても大切な月として認識されている。例えば次のような伝承が伝えられている。

アブラハムの「聖なる書《スフフ》」はラマダーン月第一夜に下り、「律法の書《タウラー》」はラマダーン月第六夜に下され、「福音の書《インジール》」は第一三夜に、そしてクルアーンはラマダーン月の第二四夜に下された。(タバリー『解明』ほか)

また他に、ダビデへの「詩篇《ザブール》」がラマダーン月第一二夜、「福音」が第一八夜に下されたとする伝承も伝えられている。このように日付について伝承間で多少違いがあるにしても、ラマダーン月という枠内で、古い啓典がより早い日付で下されていると考えられているという点は共通している。この背後には、アブラハムの「聖なる書」からクルアーンに至るまでの時系列上のキターブの系譜という意識が存在していると考えられる。それが凝縮されているのが、ラマダーン月ということであろう。このような伝承によっても「カドルの夜」がラマダーン月に含まれることが支持されている。

「祝福された夜」の解釈

次の問題は「祝福された夜」がいつなのかという点である。

この夜は「カドルの夜」のことだと解釈されるのが通常である。しかし解釈書を見ると、異説が存在していたことが分かる。それは「祝福された夜」を「シャアバーン月第一五夜」とする立場である。これは先ほど紹介したように、レインが『現代エジプト人の風俗と習慣』のなかで、「天の書」に書かれた一年分の運命の「書き換え」が祈り願われる夜として言及していた、「シャアバーン月の中間の夜」である。

この「シャアバーン月第一五夜」と「カドルの夜」のそれぞれに関する伝承を見ると、極めて類似した特性を持つ夜だと考えられていることが分かる。「シャアバーン月第一五夜」には、一年分の事柄、例えばその年に死ぬ者、生まれる者、ハッジに行く者、結婚する者といった内容が決められるという。他方、「カドルの夜」もまた、死ぬ者、生まれる者、結婚する者、災難にあう者について一年分の事柄が定められるとされている。しかし一年分の事柄を定める夜は、年に一度あればよいだろう。よってどちらかの夜が元々この特性を持っていて、後にもう一つの夜にも同じ特性が付与されてしまったのではないかと考えられる。

前述したように、「カドルの夜」がいつなのかははっきりしていないが、「シャアバーン月第一五夜」は興味深い文化的背景を担《にな》っている。イスラームの暦である「ヒジュラ暦」が太陰暦であることはすでに述べた。その元年は、ムハンマドがメッカからメディナに移住（「聖遷《ヒジュラ》」）した年である。太陰暦であるため通常一年が三五四日となり、太陽暦と比べると毎年一一日ほど短くなる。つまり季節と月とがずれていく。例えば、断食月であるラマダーン月の季節も定まっておらず、太陽暦の感覚で言うと早まっていくことになる。よって日照時間は年によって変化し、冬にラマダーン月が来ると比較的断食が楽だということになる。

ではそれ以前の暦はどのようなものであったのだろうか？　ヒジュラ暦導入以前は太陰太陽暦であった（日本の旧暦もこれである）。この暦は月の満ち欠けを基準として一カ月を二九または三〇日とするが、閏月をはさむことで季節と月のずれを調整するものである。太陰暦だと一年で約一一日ずれ、三年だと約三三日のずれが生じる。よって三年に一度、一カ月を増やして一年を一三カ月とした。こうすることで季節と月とはほぼずれることがなく、三年単位では太陽暦と同じとなる。

グスタフ・E・フォン・グリューネバウム（グルーネバウム）の『イスラームの祭り』によれば、ラマダーン月とシャアバーン月はイスラーム以前の太陰太陽暦の頃、夏の月であった。ラマダーン月は神聖な月とされ、また「シャアバーン月第一五夜」は夏至に当たり、この夜を中心とした前後の期間には宗教儀礼が行われるなど特別視されていた。さらにグリューネバウムは「シャアバーン月第一五夜」はユダヤ教暦の新年祭の特徴を持っているとしている。その根拠として彼は、先ほど紹介したレインの『現代エジプト人の風俗と習慣』の記述を引用している。それはすでに述べたように、この夜に、それから一年間の人間の運命が定められ、クルアーン第13章39節と関係する「天の書」の書き換えを願う祈禱句が唱えられるというものであった。

他方グリューネバウムは、この「シャアバーン月第一五夜」と比べると、「カドルの夜」をそれほど重要視していない。彼は「カドルの夜」がラマダーン月に含められた理由として、元来この月が神聖だと考えられていたからだと述べ、啓示が最初に下されたためにラマダーン月が神聖になったとするイスラームの見解に疑問を呈しているほどである。

よって以上から、一年分の事柄が決められる夜としては、「シャアバーン月第一五夜」の方がふさわしいようにも思われる。「カドルの夜」を、この夜と同じ性質を持つとする伝承は、「祝福された夜＝カドルの夜」説を支持するために作られたという可能性も否定できないのである。

啓示理論の精緻化

だが最終的に、「祝福された夜＝シャアバーン月第一五夜」説は否定され、「祝福された夜＝カドルの夜∧ラマダーン月」説が支持されて現在に至っている。それはなぜだろうか？

もし「祝福された夜＝シャアバーン月第一五夜」であるならば、「カドルの夜」がいつであれ、シャアバーン月やラマダーン月にクルアーンが下された、ということになる。クルアーンはムハンマドに断続的に下されていたのだから、実際のところはそうであっただろうと考えられる。

しかし、クルアーンが「一度にまとめて」下された段階を設定する必要性が生じた。それはすでに述べたように、先行啓典との共通性を主張するためである。よって「一度にまとめて」下された「時」も設定する必要が生じた。それは当然、一回でなければならない。そしてクルアーンの句にこの啓示理論が整合性を持って読み込まれていく必要がある。よって「祝福された夜」は、シャアバーン月の夜ではなく、「ラマダーン月のカドルの夜」と同一の夜として理解される方が適切だと考えられるようになったのではないだろうか。もし「祝福された夜＝シャアバーン月第一五夜」説が選択されたならば、「祝福された夜≠カドルの夜」となり、これらの夜はクルアーンが分割して地上に下されたいくつもの夜の一つとして解釈されることになるだろう。だが、それは回避されなければならなかった。

このように「祝福された夜」解釈において、「シャアバーン月第一五夜」説ではなく「カドルの夜」説が採用されたことは、クルアーンの二段階からなる啓示理論の精緻《せいち》化《か》に大きな役割を果たしたと言えるだろう。

「天の書」から下されて、ラマダーン月の「カドルの夜」に最下天に一度に至り、その後分割されて地上に下されたクルアーン。壮大な宇宙論のなかに描きこまれることで、この啓典の啓示理論は「存在神話」とも呼び得るほどのものとなった。この啓示理論にはクルアーンの存在意義が凝縮されているように思われる。「天の書」という全事象があらかじめ書き込まれた偉大な書にその原型を持ち、先行啓典同様にラマダーン月に最下天まで「一度にまとめて」下され、その後、地上の状況に応じて「分割されて」ムハンマドに下された。それは最も優れた最後の啓典にふさわしい、地上への顕現のあり方である。そう信じられていたのである。

ただし近現代になると、ムスリム知識人も西洋の影響を受け、クルアーンの解釈も変化していった。七つの天があるという宇宙観ではなく、クルアーンの内容と西洋科学とは矛盾しないとする解釈が支持されるようになる。アッラーの全知全能性を否定することなく人間の自由意志を認めようとする解釈も出てきた。しかしインターネットで検索しても分かるように、伝統的な「天の書」についての認識にはまだ根強いものがある。現代のムスリムのイスラーム理解は多様化しており、「天の書」を否定する者もいれば、伝統的な理解を継承している者もいるのである。

第四章　日本人とクルアーン

大川周明『回教概論』と同訳『古蘭』（筆者所蔵）

本書の初版刊行時の二〇〇四年に入手できたクルアーンの日本語訳は、三点のみであった。その後、訳書が急増したのだが、これは次章で詳しく述べたい。

三点の訳書とは、井筒俊彦訳『コーラン』（岩波文庫）、藤本勝次・伴康哉《ばんこうさい》・池田修共訳『コーラン』（中公クラシックス）、そして三田了一訳『日亜対訳・注解 聖クルアーン』（日本ムスリム協会）である。最後の三田訳は書店には並んでおらず、直接発行元に問い合わせる必要があるが、その他の二点を入手するのは今も難しくなく、価格も高くはない。つまり日本では、誰でもその気になれば容易にクルアーンの訳本に触れることができる。だが当然のことながら、これらの翻訳の成果があるのも過去の蓄積に多くを負っている。この章では日本語訳クルアーンの歴史をたどることで、日本人とクルアーン——ひいてはイスラーム——との関わりの一側面に光を当てていきたい。

1　英雄「マホメット」への関心　大正のクルアーン訳

最初の日本語訳

最初のクルアーン日本語訳が出版されたのは、いつのことだろうか?

それは一九二〇（大正九）年で、坂本健一が訳した『コーラン経』（全二巻）であった。当時刊行された「世界聖典全集」のなかに「回々教」つまりイスラームの聖典として含められている（「回回教」や「回教」は中国語でのイスラームの呼称）。この全集には他に、旧約聖書、新約聖書、古事記、日本書紀、ゾロアスター教聖典のアヴェスタ、ジャイナ教聖典や道教の聖典、さらにアイヌ民族の聖典などが収められている。

一八七九年から一九一〇年の間に、イギリスの宗教学者マックス・ミュラーの編纂によって「東洋の諸聖典」という全集が出版されている。この日本で出された「世界聖典全集」もその影響を受けてできたものかもしれない。坂本健一も「マクス・ミュラー叢書」に訳本巻頭で言及している。このように日本で最初のクルアーン翻訳書は世界の「聖典」の一つとして、つまり信仰ではなく、宗教学的関心といった学問教養の対象として誕生した。

訳者の坂本健一は世界史に関する著作を多く残しているが、中東やイスラームは専門ではない。ただ一八九九（明治三二）年に坂本蠡舟《れいしゅう》の名で『麻訶末《ムハメット》』を、また『コーラン経』翻訳後の一九二三（大正一二）年に『ムハメッド伝』を出版している。彼は単にクルアーンの訳を行っただけではなく、ムハンマドにも強い関心を持っていた。『コーラン経』の巻末でも、大学卒業後に初めて書いた著作が『麻訶末』で、その二一年後にクルアーンを訳したことを「因縁浅からざるもの」と述べている。彼はこの処女作『麻訶末』でムハンマドを次のように表している。

然《しか》らば彼《かの》左手《さしゅ》に捧げたる経典《アルコーラン》には天神《アラー》の福音を伝へて一宗の教祖と仰がれ、右手《めて》に提《ひっさ》げし利剣《ヅル、ファカール》もて攻伐の偉業を成して百戦の英傑と称せられし麻訶末の如き豈《あに》稀代の偉人ならずや。（坂本蠡舟『麻訶末』）

ここに描かれているのは「左手にクルアーン、右手に剣」という古いタイプのムハンマド像である。だが坂本はこれを肯定的にとらえ、彼を「英傑」と呼んでいる。他の箇所では「仰天の偉人」「英雄」とも言っており、ムハンマドに対する思い入れのほどがうかがえよう。

カーライルによるムハンマド再評価

実はこの『麻謌末』が書かれた時期は、トマス・カーライル『英雄崇拝論』の日本語訳が出版され大変な評判であった。一八九三（明治二六）年に石田羊一郎・大屋八十八郎《やそはちろう》訳、一八九八（明治三一）年に土井晩翠訳（『英雄論』）、一九〇〇（明治三三）年に住谷天来訳が立て続けに世に出されている。イギリスの思想家・歴史家カーライルの著した『英雄崇拝論』（原題は『英雄と英雄崇拝、そして歴史における英雄的なもの』一八四一年）は広く知られているが、実はムハンマドの再評価をなした画期的な著作でもある。

それまで西洋ではムハンマドは極悪人としてとらえられ、神の預言者を詐称《さしょう》し、多くの女性を娶《めと》った淫乱な男であった（ただし、この傾向は現在に至るまで消滅し切ってはおらず、イスラームを批判する言説のなかでは未だ息づいている）。だがカーライルはそのような見解を否定、英雄としてムハンマドを再評価し、後世に強い影響を与えたのであった。

カーライルはこの『英雄崇拝論』でダンテ、シェイクスピア、ルター、ルソー、クロムウェル、ナポレオンなどを英雄として評価している。そこにムハンマドが預言者の英雄として並べられており、この意義は極めて大きいことは明らかであろう（またよく指摘されることだが、カーライルはこの著作でクルアーンは理解しづらいとも述べている。予備知識がなければ確かにその通りかもしれない）。彼はムハンマドについてこう述べている。

然《しか》らば、このマホメットを、吾等は決して空虚な、芝居気の多い人物、憐れむべき、自覚的な、野心家の策士とは考えないことにしよう、吾等は彼をかかる人物と想像することができぬ。彼の伝えた使命は、素朴ながらも真実なものであった、不可知の深淵からの混乱せる、真摯《しんし》な声であった。彼の言葉は偽りではなかった、又この下界に於ける彼の活動も同様である、決して空虚でもなく、虚飾でもなく、自然そのものの偉大な胸奥から投げ上げられた、灼熱せる生命の塊《かたまり》である。世界に点火すること、それが世界の創造者がこのものに命じたところである。またマホメットの過失、欠点、不誠実すら、かかるものが如何《いか》に手際よく彼の不利に立証されようとも、この根本的事実を揺《ゆる》がすに足らぬ。（老田三郎訳『英雄崇拝論』）

坂本健一はこの『英雄崇拝論』の影響を受けてムハンマド像を形成している。それは『ムハメッド伝』で次のように述べていることからもうかがえよう。

「英雄崇拝論」に、モーセでなく……、世人の一般に偽瞞《ママ》者とせしムハメッドを以て「予言者としての英雄」を代表させたカーライル一家の識見は吾人の知学宗教史上に一新局面を打開して驚異の衝動を与えたものだ。

実は一八七六（明治九）年にプリドゥ『マホメットの生涯に明白に見られる真の詐欺的本性』が『馬哈黙伝《マホメットでん》』として林董《ただす》によって翻訳されている。この本は原題から一目瞭然であるように、ムハンマドを徹底的に攻撃している。訳者の林もこのことを指摘しているし、カーライルもこの本を非難しているほどである。だが幸いにと言うべきか、和綴本の体裁を持つこの『馬哈黙伝』は、日本では広くは読まれなかったようである。一般に広まったムハンマド像はカーライルの影響のためであろう、ムハンマドを英雄視する肯定的なものであった。

ムハンマド、クルアーンに対する関心の高まり

驚くべきことに、坂本による二つのムハンマド伝が出された一八九九（明治三二）年と一九二三（大正一二）年の間に、ムハンマドに関する著作が数多く出版されている。一九〇三（明治三六）年に池元半之助『マホメットの戦争主義』、一九〇五（明治三八）年に忽滑谷快天《ぬかりや》『怪傑マホメット』、一九〇八（明治四一）年に松本赳《きゆう》編著『マホメット言行録』、一九二二（大正一一）年に口村佶郎《よしろう》『野聖マホメット』という具合である。これらに共通するムハンマドのイメージは人間味に満ち、現状に対して立ち上がって戦い、そして勝利を得た非キリスト教徒の東洋の英雄、といったところである。

釈迦のイメージが投影されたと思われるムハンマド誕生の挿絵
（坂本蠡舟『麻謌末』より）

日本人がこれほどにムハンマドに肩入れした理由として考えられることは、やはり当時の価値観——西洋列強に立ち向かう東洋の偉大なる日本国——と重なるところが大きかったためであろう。このように一八九三（明治二六）年に初めて訳されて以降、『英雄崇拝論』は日本人のイスラーム観形成に大きく寄与したと考えられる。

　また同じ一八九三年八月四日の毎日新聞におもしろい記事が見られる。ある日本人がトルコの首都イスタンブル（旧名コンスタンチノープル）でイスラームやクルアーンの勉強を終えて帰国した、というものである。これは外国の新聞記事を訳して紹介したものであった。その一部を紹介しよう。

　日本貴人の年若きもの一人、特に苛蘭《コーラン》を研究せんとて土京コンスタンチノープルに来たりたるに、……この貴人はアブダル《ママ》ハリルと名乗りし後、二年間はすこぶるその研究に刻苦せり。しかして今やこのアブダルハリルは、すでに学成り本国に帰りたり。さればその結果として、右アブダルハリルは、果してよくその回々教を日本に拡め得るや否やを注意するは、最も面白きことなるべし云々。

この人物は、最初期のイスラーム改宗者である山田寅次郎であると考えられたが、最新の研究をふまえると野田正太郎のようである。野田は「時事新報」の記者であった。オスマン朝の軍艦エルトゥール号が和歌山県串本町沖で遭難した後、義援金を渡すためにトルコを訪れた。その後、二年ほどイスタンブルで日本語を教え、トルコ語やイスラームを学び、一八九一年にイスラームに入信している。当時の日本は欧米経由の情報からイスラームへの教養的関心が高まる一方で、信仰の対象としてイスラームをとらえ、中東世界との直接交流を試みる者が現れ始めた時代であったと言えよう。

またこの時期、クルアーンそのものに関しても関心の高まりが見られる。一九〇五（明治三八）年に忽滑谷快天が曹洞宗の雑誌『和融誌』に「コラーン《ママ》に就《つい》て」を発表している。彼は前述のように、同年に『怪傑マホメット』を出版しており、当時イスラームにも造詣の深い仏教者（特に禅研究で成果を残した）として知られていた。その後、藤田季荘《すえたか》もキリスト教雑誌にクルアーンについての論文を発表している。一九〇七（明治四〇）年には『六合《りくごう》雑誌』に「回々教経典概説」「回々教経典の原本と訳本」「回々教経典研鑽備考」、一九〇八（明治四一）年には『東亜之光』に「回々教の経典に就て」という論考が掲載されている。

英訳クルアーンから翻訳

さて、坂本健一の『コーラン経』翻訳に話を戻そう。訳者はアラビア語の原本を持ってはいたが、「訳者の言語の知識に貧しきため」、主に英訳された「セール、ロドエル、パルマー諸訳本を参照し」たという。「セール」はジョージ・セールのことで、一七三四年に英訳『コーラン』を出している。これは当時広く用いられていたが、セールはアラビア語の知識が乏しかったため、主に一七世紀末のラテン語訳を用いている（ちなみにカーライルもこのセール訳を参照していた）。

「ロドエル」はジョン・M・ロッドウェルで、彼は一八六一年に英訳本『コーラン』を刊行している。この訳の特徴は、クルアーンの章句を啓示された年代順に並べ替えたことである。第一章で述べたように、クルアーンの句は時代順には並べられていない。だが、西洋の学問の成果を適用した点は意義深いが、その成果も学問が進展するため古びてしまうし、ムスリムが尊重する聖典の形態を崩したという意味でも、評判が良いはずはない。また、読者が章句を調べたい時に、順序が変わってしまっているために探しづらく大変不便である。ただ、おおまかには時代順に並べられているため、通読するには多少の利便性があると言えるかもしれない。現在は元来の順番に戻した訳本が刊行されている。最後に「パルマー」、エドワード・パーマーであるが、彼の英訳『クルアーン』は前述したマックス・ミュラー編纂の全集「東洋の諸聖典」の一冊として一八八〇年に出版されている。この訳ではアラビア語の素朴さや簡潔さを表現するために、口語英語に訳す試みがなされている。

坂本健一は、これらの当時としては定番の英訳クルアーンを用いて翻訳作業を行った。さらにクルアーン研究の土台を作ったドイツの研究者、テーオドール・ネルデケの論考を参照するなど、当時の研究の成果も取り入れようとしている。坂本訳はアラビア語からのものではなく、また彼はイスラームを深く研究していたわけではない。だが、それでもこの時代に完訳が誕生したということは、日本におけるイスラーム理解のために極めて有益であったことは疑いがないだろう。また、その文体は簡素かつリズム感に富み、クルアーンが読誦《どくしょう》するためのものであることをよく踏まえたものだと言える。

ここでクルアーンの最初の章「ファーティハ（開扉）」の訳を引用しておこう。坂本はこの章名を仏教経典風に「序品　第一」としている。

大慈悲神の名に於て

㈠神を頌《たた》えよ、万物の主宰、

(二)最大慈悲、
(三)審判の日の王。
(四)爾《なんじ》をわれ（吾曹）礼拝す、爾にわれ援助《たすけ》を請う。
(五)われを導け、正しき道に、
(六)爾が寛仁なりしもの丶道に、
(七)爾が怒れる者背《そむ》き去りし者の道ならで。

2 「亜細亜との連帯」を目指して　戦前のクルアーン訳

国策としてイスラーム世界を見る

第二のクルアーン日本語訳は、日本人ムスリムの活躍によって誕生した。一九三八（昭和一三）年に発行された『聖香蘭経　イスラム教典』で、訳者は高橋五郎と有賀阿馬土《アフマッド》であった。蒙古《モンゴル》で活動していた財団法人善隣協会が、一九三三（昭和八）年に英文学者の高橋五郎にクルアーンの英訳からの翻訳を委託したのであった。

同じく一九三八年には、外務省調査部編『回教事情』に「回教々典に就いて」という論考が発表され、ごく簡単にではあるが、クルアーンについての解説がなされている。この雑誌の発刊経緯は「偶々《たま〳〵》満洲事変以後我が国力の躍進に伴い回教問題研究の急務が叫ばれるに至った……回教国及び回教問題に関する正確なる紹述を試みんとする」というものであった。

この時期、このように国策としてイスラーム世界を見るまなざしが強まっていた。トルコ研究者の大久保幸次が所長となって、同じ一九三八年に財団法人善隣協会の経営下で回教圏研究所が設立された（後に「回教圏研究所」に改名、機関誌『回教圏』）。さらに同年、政府の国策組織である大日本回教協会も「八紘一宇《はっこういちう》」や「東亜新秩序建設」を目標に掲げて設立された（機関誌『回教世界』）。また後述する大川周明の東亜経済調査局（満鉄）も『新亜細亜』を翌一九三九（昭和一四）年に刊行している。

これらの背景にあるのは一九三七（昭和一二）年に始まった日中戦争であろう。周知のように、その大義名分は当時の近衛文麿首相が言ったように、日本を盟主として満州・中国とともに植民地アジアを欧米列強から「解放」するという「東亜新秩序」の建設であった。また、ムスリムの多い東南アジアをも含む「大東亜共栄圏」構想も、この頃に萌芽が見られる。よって、アジアにいる多くの「回教徒」の存在が「問題」としてクローズアップされ、彼らとの連帯が具体的に模索され始めたのであった。

ちなみに日本以外のアジア地域に関して言えば、イスラームとの交流は浅いものではない。中国語でイスラームは「回教」（または「回回教」）、モスクは「清真寺《せいしんじ》」、アッラーは「真主」と訳されるなど、中国文化のなかで独自の思想的展開を見せている。中国にイスラームが伝来したのは唐の頃（七世紀）とされ、その後、宋代にアラブやペルシアのムスリム商人が東南沿海部に定着した。現在も四つの民族がイスラームを信仰している。新疆地区にも一〇世紀にはイスラーム王朝が誕生し、今もテュルク系のウイグルやイラン系のタジクなどの民族がムスリムである。

また、東南アジアは一五世紀初めから、アラブやペルシア、インドのムスリム商人を介して本格的にイスラーム化が始まっている。現在でも特にインドネシア、マレーシア、ブルネイでムスリムが多くを占めている。現在、世界で最もムスリム人口が多い国はインドネシアである。フィリピンやタイ、ミャンマーにもムスリムが居住し、政府と対立も生じてきた。筆者はカンボジアのムスリムであるチャム人の調査を行ったことがあり、仏教徒との共存の様相を見ることができた。

ムスリムとの連帯

『聖香蘭経』訳者の有賀阿馬土（文八郎）もアジアに強い関心を寄せていた。名前の「阿馬土」はムスリム名アフマッドに漢字を当てたものである。貿易業に従事していた彼は、もとはキリスト教徒であったがインドでイスラームに入信した。前述の野田正太郎、山田寅次郎と並んで最初期の日本人改宗者の一人である。

一九三一（昭和六）年に満州事変が起こり、その後、日本は国際連盟を脱退、世界のなかで孤立していた。有賀は一九三三（昭和八）年頃に発表した「日本に於けるイスラム教」（一九三五年刊行の『日本宗教講座 十三』に掲載）で、ムスリムとの連帯の必要性を説いている。

……此問題解決の国策としては、……私の考うる処によれば、此イスラム教を迅速に我が国民に宣伝して、此信徒の団体をつくり、以て世界に分布せる七億の信徒に呼びかけ、連絡を取り、以て世界的イスラム信徒の大団体を構成し、我が国民は之れが指導権を握り、以て此難問題の解決に当ることが、最も賢明なる方策なりと信ずるのでありま す。其七億信徒の九割は、有色人種でありまして、其多くは欧米人の圧迫の下に、怨みを呑んで生活し居る者故、日本より促せば彼等は欣然として、之に応ずべきであります。

さらに、有賀は続けて「有色人種」と「白色人種」という対立概念を提示している。彼によれば、日本人やムスリムの九割が「有色人種」であり、皇室の下に団結して「白色人種」と戦い、最終的に「有色人種」が勝利する。これが「我々の希望」である、という。

このような世界観は「東西対抗史観」や「東西文明対決論」と呼ばれるもので、戦前に盛んに主張された言説の一種と言えるだろう。特にこの主張で知られているのは石原莞爾や大川周明である。彼らは東西文明の代表として日本とアメリカを設定し、この間で最終戦争が起こり、日本が勝利すると主張した。そしてこの言説は、満州事変から始まり「大東亜戦争」、つまり太平洋戦争に至るまでの一連の戦争を正当化する役割を果たしたのであった。

有賀は仕事上、インドや東南アジアでの植民地の状況を多く見聞していた。よって、そこに住む人々の苦境を知り、彼らの解放を望む心情が生まれ、それが右に引用した言葉に反映されている部分もあるのだろう。だが当時の「アジアの解放」の主目的は、日本の苦境を打開することであった。彼の言説はその枠内に入り込んでいるようである。

この時期、ムスリムであるということやイスラームを研究するということは、日本国の政策と分かち難く絡み合っていた。一九三一（昭和六）年に満州事変が起こり、一九三七（昭和一二）年に日中戦争が始まっている。日本の拡大政策を正当化する思想のなかに、欧米の植民地下で苦しむムスリムたち——同じ東洋人・アジア人である——と連携し、ともに列強に立ち向かうという思想が組み込まれる余地が十分存在したのであった。

また有賀によれば、古事記と日本書紀で天地開闢《かいびやく》の時に最初に現れたとされる「天御中主尊《あめのみなかぬしのみこと》」と、「真神」つまりアッラーは「同一」の存在で、皇族を尊敬することはイスラームの道徳箇条の一つだという。よって皇室という存在とイスラーム信仰に根本的な矛盾はないと考えていたらしい。このような信仰信条を持つ有賀は、日本の国策の最終目標としてムスリムと連帯することを強く主張し、かつそこにムスリムであることの意義をも見出しているようにも思われる。

確かに日本人は、中東やイスラーム世界との関係が歴史的に見て浅い。地理的な関係もあって、一四〇〇年にもなるヨーロッパとイスラーム世界との関わりに比べれば歴然たる差がある。だが、現在では忘れられがちであるが、戦前には単なる異国情緒や学問的関心以上の実際的な関心が生じていたということも、銘記すべき重要な事実であろう。「大東亜」の共栄共存というまなざしは敗戦によって断絶したが、それらは日本とイスラームの関係史の重要な第一章として、批判的に再検討されなければならないだろう。残念ながら、ここではそこに踏み込む余裕はないが。

高橋五郎・有賀阿馬土訳

さて、高橋・有賀訳の『聖香蘭経』に話を戻そう。有賀にとってクルアーンとはどのようなものだったのだろうか？　この訳本には序文の類《たぐい》が全くないが、「日本に於けるイスラム教」の記述によれば、こうである。

聖マホメット師は、此宗教の開祖であり、アラビヤの帝王であり、又アラビヤの大元師であられたので、智仁勇兼備の大英雄であられました。故に其コーラン経には、智仁勇の三点が明かに示されてあります。

さらに彼は、クルアーンのなかではムハンマドに対して、次のようなことが説かれていると述べている。宗教家として自分や人類を愛し、苦境にある者を救うこと、政治家として民法や刑法の大要を示すこと、さらに軍人としてアッラーが共にあるので必ず戦いに勝利し、戦死しても楽園に行くことができるということ、などである。このように有賀にとってクルアーンは、ムハンマドの人物的特性と密接に絡み合い、「智仁勇」という徳（『論語』の教えを連想させる）に集約され得る内容を持つ聖典である。さらに言えば、クルアーンの内容が当時の世相が求める英雄像を炙《あぶ》り出していると彼は考えていたのではないかとも思われる。

この訳本が出版された経緯は、「日本に於けるイスラム教」によれば次のとおりである。有賀は坂本健一の訳は「少しく難解にて価格も高く、一般に用ゆる能わざるの憾《うら》みがあ」ると考え、「更に経典翻訳に老熟せる学者に依頼し」たという。この「学者」が英文学者の高橋五郎である。

高橋はJ・C・ヘボンやS・R・ブラウンの聖書翻訳を補助した他、比較宗教的観点から仏教や神道に関する論考を著し、キリスト教擁護論を展開した人物である。だがイスラームに造詣が深いわけではなく、聖書翻訳の経験を評価されてクルアーン訳を依頼されたということのようである。だが主に翻訳に関わったのは彼であり、それが実際にこの訳にも表れている。

次に引用するのは第一章「ファーティハ章」の訳文であるが、この翻訳書では「第八宣言　讃美の章」として、八番目に並べられている（「讃美の章」は「ファーティハ章」の別名である）。

慈悲にして恩恵なる大神の名を以て
宇宙の天主にて在《いま》す大神を讃美したてまつれ、
仁慈にして慈悲深き、
世末審判の総勘定日に王たり給う者、
唯一大神を我等は礼拝し奉る、只大神に我等は御助《おんたすけ》を呼《よば》わり奉る。
願くは我等を正しき道に嚮導《きょうどう》し給え、
是れは即ち大神が慈悲を垂れたまうた人々の道に侍《はべ》りて、
大神も彼等をば怒りたまわず、彼等は亦《また》正しくして錯迷《さまよわ》ぬのである、アーメン

一読して、文章から冗長な印象を受ける。分かりやすくする目的もあろうが、「万世」ですむ言葉を「宇宙の天主にて在す」、「審判の日の主宰者」を「世末審判の総勘定日に王たり給う者」としているために、元来クルアーンの韻律が持っている躍動感が全く反映されていない。また後半部の「大神」は、原文では「汝《なんじ》」である。つまりここでは信徒とアッラーの「我―汝」という直接的な関係のニュアンスが欠けてしまっている。

このような訳となった一因は、主に翻訳作業に従事した高橋が聖書翻訳の経験を持つ英文学者にすぎなかったことにあると考えられる。彼にイスラームの知識が多かったとは思

えないし、それは求められていなかった。なぜならばそれを補う役割を、ムスリムである有賀が担っていたはずだからである。また、この訳の底本はロッドウェルの英訳であったようである。訳本には明記されていないが、この日本語訳は前述したようにアラビア語原典のクルアーンでの順序とは異なった章の配置がなされている。この訳本はロッドウェルの訳と同じで、第96「凝血」章（「第一宣言　血の凝塊もて」）から始まり、第5「食卓」章（「第百十四宣言　擡子《テーブル》」）で終わっている。これはクルアーンが実際に下された順序に章を並べ替えようと試みた結果ではある。だがムスリムの意向によって訳されたにもかかわらず、なぜアラビア語原典と異なる、西洋の学問的知見を反映した英訳本に従ったのか、疑問が残る。

「神」から「アッラー」へ

続くクルアーン日本語訳は、回教圏研究所所長の大久保幸次《こうじ》（駒澤大学教授でもあった）とスタッフの小林元（駒澤・國學院大学教授も）によってなされたが、残念ながら敗戦による研究所の解散と大久保の死去によって完成しなかった。訳文は機関誌『回教圏』において一九三八（昭和一三）年に始められ、一九四一（昭和一六）年より本格的に「邦訳コーラン」シリーズとして掲載された。第1「序章」章や第2「牝牛」章、第3「イムラーン一族」章（の前半）、第100「軍馬」章、第112「一元」章などが訳されている。これらは、同誌に掲載された大久保の書いたイスラームについての概説や、鏡島寛之《かんし》「各国におけるコーラン翻訳」とともに、『コーラン研究』として、一九五〇（昭和二五）年に出版されている。

一九四一年とは、その二年前に第二次世界大戦が始まり、日本が大東亜戦争つまり太平洋戦争を始めた年である。繰り返すが、この戦争の「大義」は、欧米列強の支配下にあったアジア諸国を独立させ、「大東亜新秩序」を建設することであった。この構想はつまるところ、日本が盟主となってアジア諸国を「指導」し支配することを目指していた。よって、ムスリムが多く存在するアジア地域をよく知るために、イスラーム研究の必要性がますます高まっていたのであった。

『回教圏』創刊号の「回教圏研究所設立趣旨」で述べられているように、この研究所もまた単にイスラーム研究のみならず国策にも貢献することを目指していた。この「趣旨」によれば当時、「アジアの秩序、更に世界の運命は転換の機に立ち、皇国日本の使命や一入《ひとしお》重」かった。よって「我が邦の指導的地位」に合った「正しき国策」が必要であり、その一つが「回教徒問題」であるという。さらに「回教徒」は日露戦争でアジアがヨーロッパに勝利したことから、「日本に対して絶大なる敬意と期待とを寄」せ、彼らは「強力にして道義的なる指導者」を切に要求しているとまで述べている。よって、彼らの期待に応え失望させないために、この研究所の調査報告が「回教学及び回教対策に貢献するところ多大」であるという。このように、日本がアジアの盟主であるために、イスラーム研究が必要不可欠だと主張しているわけである。

この類の言説は当時の主流であった。有賀阿馬土にしても回教圏研究所にしても、それぞれが純粋な信仰心や学問探究心を間違いなく持っていたとしても、当時の言説のなかに絡め取られ、その中に自覚的に自らを位置づけようとしている。そうすることでしか、日本では歴史の浅いイスラームにたずさわる自分を積極的に正当化することができなかったのかもしれない。

では、その大久保・小林訳を見てみよう。彼らはファーティハ章を「序章」とし、次のように訳している（一九三八年の創刊号ではなく、一九四一年の第五巻第五号と『コーラン研究』にある訳を引用する）。

大慈大悲のアッラーの御名《みな》において

㈠万有の主

㈡大慈大悲の神

㈢審判の日の王たるアッラーに栄光あれ

㈣我等は汝《なれ》に仕えまつり、汝《な》が御護りを冀《こいねが》う

㈤仰ぎ願《ねがわ》くは我等を正しき道と

㈥汝《な》が御恵みを垂れたまいしものの道へと導きて
㈦汝《な》が怒りたまうものと迷えるものとの道へと導びきたまうことなかれ

これまでは「神」や「大神」という訳がなされてきたが、ここで「アッラー」（創刊号では「アㇽラーフ」）と原音の固有名詞が用いられている。これがこの訳の特徴の一つである。こう訳すことには是非があるかもしれない。一般の人にとっては馴染みにくい印象を与える可能性もある。だが他方、多少なりとも原典の雰囲気を伝えることは可能であろうし、また、信者にとっては望ましく感じられるのではないかとも思われる。

だが文体に関して見ると、原典の雰囲気を伝えることに成功したとは言えないだろう。「可能なかぎりにおいて原典の調子を伝えることに努めたが、なお多かれ少かれ無理を冒している。それは序章の内容を充分に表示するために、意訳を必要としたからである。」（一九三八年の『回教圏』創刊号の解説文）

あえて言えば、アラビア語の知識がほとんどなかったであろう坂本健一訳の方が、アラビア語の雰囲気をよく伝えているように思われる。

大久保・小林訳の特徴は、各章の背景に関して解説を加え、雑誌『回教圏』ではアラビア語とそのアルファベット転写翻字も同時に掲載していることであろう。そのレイアウトはイスラーム圏で出版されているクルアーンに似せたものとなっている。この段階でようやく中東イスラーム研究者の手によって、アラビア語原典を可能な範囲で参照しながら、当時としては深いイスラーム理解に基づいたクルアーン訳が世に出たと言えるだろう。

3　学問と信仰　戦後のクルアーン訳

大川周明

第三の日本語完訳は大川周明による『古蘭』で、終戦まもなくの一九五〇年に刊行されている。その後時を経て大川周明への関心が高まったこともあり、二〇一〇年に再刊された。周知のように東京裁判に出廷した彼が活躍した時代は戦前・戦中であり、当時は右翼思想の指導者としても認識されていた。

大川周明は実に興味の尽きない人物で、植民地下のインドに関する研究に熱心に取り組んでいた。また一九二二（大正一一）年に『復興亜細亞の諸問題』、一九四二（昭和一七）年に『回教概論』を出版するなど、アジアやイスラームに強い関心と思い入れを持っていた。大川の基本的な主張は、アジアの同胞が欧米列強から解放されるために日本が指導的役割を果たすべきというものである（彼の言葉で「全亜細亜主義」）。特に植民地下のアジアにいる多くの人々が、自らがムスリムであることを強く意識するようになれば、それは独立運動を推し進める原動力となり、ひいてはアジア全体の復興のさきがけとなると考えていた。

このような大川の言説が当時の国策に合致し、特に「右翼」とされる人々に強い影響を与えたことは事実であるが、同時に彼の学問に対する思いはそれはそれで純粋なものであったとも思われる。東京帝国大学を卒業後、大学図書館でムハンマドに関する文献を読み漁っていた彼は、この頃からクルアーンを翻訳することを試みていたが、なかなか果たせなかったという。そしてそれを戦後ようやく実現したのであり、ここにも彼が真にイスラームに関心を寄せていたことが表れていると言えるだろう。

大川の活動は多岐にわたるが、イスラーム研究と深い関わりを持つのは、国策会社である満鉄（南満洲鉄道株式会社）系列の東亜経済調査局に勤務したことであろう。この調査局は一九〇八（明治四一）年に創設され、世界経済、特に東アジア経済に関する資料を収集して世に発表し、かつ学術的基礎を持つ満鉄幹部社員を養成することを目的としていた。

大川周明は一九一九（大正八）年に正式の職員となり、一九二九（昭和四）年に調査局が満鉄より独立して財団法人となった折に、理事長に就任している。この組織は資金も潤沢で人材に富み——現在でも類を見ないほどかもしれない——、自由な雰囲気のなか高い水準のアジア研究が国策的枠組みのなかでなされたのであった。後にクルアーンを翻訳したムスリムの三田了一やイスラーム学者の井筒俊彦の二人も出入りしていたほか、戦後にイスラーム史研究で成果を残した前嶋《まえじま》信次などがスタッフとして勤務していた。日本のイスラーム研究上、大きな意味を持つ組織であると言えよう。

政治的要素の消失

敗戦となって戦争が終わり、イスラーム関係の組織が解体され、組織とともに学問的蓄積の多くも失われた。例えば、東亜経済調査局の文献はGHQによってアメリカに持ち去られ、またスタッフのなかにはイスラーム研究を完全にやめ、他の専門分野の研究を始めた者もいた。戦後では否定された「大東亜共栄圏」的発想に基づいてイスラーム研究を行うことは当然あり得ず、終戦以降の研究状況には顕著な政治的傾向は見られない。クルアーンの日本語訳もこの章で述べる四点が戦後に刊行されたが、それらは純粋に学問的関心や信仰上の努力の成果として生み出されたものである。

大川周明訳の『古蘭』は一九五〇（昭和二五）年に出版された。彼は唯一の民間人A級戦犯容疑者として東京裁判にかけられたが、東条英機（陸軍大将・元首相）の禿頭《とくとう》をピシャリと叩き退廷を命じられる。その後の精神鑑定の結果、梅毒性脳疾患による躁《そう》状態で、裁判での答弁に耐えられないと診断され、東京世田谷の都立松沢病院に入院する。クルアーン翻訳はそこでなされた。

大川周明のクルアーン観もまた興味深いものがある。彼はその「序」で、「古蘭の偉大は、此書が曽《かつ》て地上に呼吸せる最大なる偉人の一人の性格並《ならび》に生活を最も忠実に反映するが故」であり、「カーライルが言える如く、古蘭の長所は「あらゆる意味に於て真摯《しんし》なること」に存す」と述べている。そしてさらに「古蘭の一言一句は、……マホメット自身の口より出《い》でたるを如実に今日に伝えたるものなり。此の一事のみを以てするも、古蘭は世界文学上の希有なる文献なり」とある。つまり大川周明にとってのクルアーンは、第一に偉大な英雄を知るための貴重な文献だということである。カーライルが引用されていることもこれを示唆《しさ》している。

とはいえ、宗教学者でもあった大川は続いてこう述べている。「而《しか》も古蘭は決して単なる古典に非ず、実に三億回教徒の聖経として、現にその宗教的・道徳的・社会的生活を規定するものなるが故に、尋常の文献を以て之を目すべきに非ず」。

大川はクルアーンが聖典であることに基づき、その理想的な翻訳のあり方についても語っている。それによれば「最も望ましき古蘭の日本語訳は、アラビア語に精通し、日本語に熟達せる敬虔なる回教信者にして初めて」可能だという。この時代はまだこの条件を満たした訳は誕生しておらず、また彼自身も「回教信者に非ず、またアラビア語の知識は貧弱なるが故に、訳者としての資格を欠く」と述べている。クルアーンの訳者として真にふさわしい人物の条件のなかに、敬虔なムスリムであることを含めたところに、彼のイスラームに対する敬意が表れていると言えよう。

クルアーンの言葉の原意を伝える

すでに述べたように、大川周明にとってクルアーン翻訳は長年の夢であった。ようやく十分な時間が確保できるようになり、松沢病院に入院中、昭和二一年から約二年間かけて訳を完成させた。その際、漢・英・仏・独語の訳を参照したという。また、クルアーンはそもそも読誦《どくしょう》されるべきものであると指摘しており、日本語訳作成においてはそのことにも意を払ったようである。

では彼の「開経章」訳を見てみよう。

大悲者・大慈者アッラーハの名によりて
アッラーハを讃へよ、そは三界の主
大悲者・大慈者
審判の日の執権者なり
吾等汝に事《つか》へ、佑助を汝に求む
吾等を直き道に導け
汝が恩寵を垂るる者
汝の怒に触れず、また迷はざる者の道に

このように大久保訳同様、アッラーを「アルラーハ」と原音に近づけて訳している。

またこの訳の特徴は、解説と注釈とが充実していることである。例えば「三界」という訳には大川なりのイスラーム理解が込められている。原語は「アーラム」つまり「世界」の複数形「アーラミーン」（属格となっている。主格だと「アーラムーン」）であり、三つとは明記されていない。彼はこのことを踏まえて「三界の原語は「諸世界」」ではあるが、そうではなく「三界」とした理由として、「天使・幽鬼・人間を総称せるものとせらるるが故に三界と訳した」という。

「幽鬼」とは「ジン」の訳語である。つまり大川は、「諸世界」が「天使・ジン・人間」の三つの世界から成り立っているというイスラームの認識を踏まえて、このように訳したのであった。

坂本訳は「万物の主宰」、大久保・小林訳は「万有の主」と訳していた。やはり原文のニュアンスをうまく伝えるには大川訳のように「界」を含めた方がよいだろう（高橋・有賀訳「宇宙の天主にて在《いま》す」はかなりずれた訳であることが分かる）。このように大川訳はクルアーンの言葉の原意をイスラーム思想の文脈のなかで理解した上で訳すことに努めており、その意味でも高く評価することができよう。その他、文体のリズム感も良く、坂本健一訳同様にその読誦性をうまく訳出できている。

魅力あふれる日本語訳

一九五七（昭和三二）年からその翌年にかけて刊行された、井筒俊彦訳（岩波文庫、三巻）を見ていこう。井筒は国内外で広く知られたイスラーム研究者で、クルアーン翻訳のみならず、その言語学的研究やイスラーム哲学の研究で高い評価を得ている。優れた言語感覚を持ち、ゆえに多くの言語を習得すると同時に、その文体は読む者をひきつける。そのクルアーン訳は当然アラビア語原典からなされ、さらに意味をとらえるにあたってはムスリムの手による古典期の解釈書（バイダーウィーの『啓示の光と解釈の秘密』）を参照している。文体と内容把握の二つの側面から見て、筆者が読む度に魅力を感じる訳書である。井筒の「アーラムーン（諸界）」訳を見てみるとその巧《うま》さが分かる。彼は「万世」と訳している。ムスリムの古い注釈書（例えばタバリーの『解明』）によれば、全ての被造物が「人間の世界」や「ジンの世界」といった具合に各時代にそれぞれ共同体のようなものを持っている。それが「アーラム（界）」であり、よってその数は一万以上あるともされるという。するとこの「アーラム」の複数形「アーラムーン」訳は、大川周明のように「三」に限定する必要はないかもしれない（かつ「三界」では仏教的連想が働く場合もあるだろうから、避けた方がよいと思われる）。よって、井筒訳の「万世」がより原意を汲んでいると考えられる。

ではその第一章「開扉」訳を見ていこう。一九六四（昭和三九）年に改訳されており、そちらを引用する。

慈悲ふかく慈愛あまねきアッラーの御名《みな》において……
㈠讃えあれ、アッラー、万世の主、
㈡慈悲ふかく慈愛あまねき御神、
㈢審《さば》きの日（最後の審判の日）**の主宰者。**
㈣汝《なんじ》をこそ我らはあがめまつる、汝にこそ救いを求めまつる。
㈤願わくば我らを導いて正しき道を辿らしめ給え、
㈥汝の御怒りを蒙る人々や、踏みまよう人々の道ではなく、
㈦汝の嘉《よみ》し給う人々の道を歩ましめ給え。

この章の訳からではまだ分からないが、井筒は場合によっては五七調を用いて訳すなど、クルアーンのリズム感を出すために工夫をしている。それでもかなり苦労したらしく、口語調で訳したものの、それではクルアーンの文言の荘重さを表し切れなかったと、同書の解説のなかで述懐している。

本書は『コーラン』の口語訳である。はじめ岩波文庫の編集部からこの依頼を受けた時、僕は一応引き受けては見たものの、すっかり考え込んでしまった。現代の日本語の話し言葉では、原文の鳴り響くような、そしてどことなく荘重で、時とすると荘厳でさえある、あの持ち味が到底出せっこないと僕は思った。……

こんなわけでこの僕の訳では、律動的文体の再現の方は始めから全然あきらめて、そのかわり口語に盛れるかぎりの側面を出来るだけよく日本語に移すように努力してみた。

確かに、祈禱文であるファーティハ章やクルアーンの終わりにある短い章は別として、他の箇所はくだけた文体で訳されている。しかしそれでもリズム感が残っているのは、語尾などを工夫しているのと、文中に割注をはさんだために訳文に説明を盛り込む必要がなくなり、簡潔な言い回しができるようになったためであろう。よって、井筒訳の本文は比較的すんなりと読むことができるものに仕上がっている。岩波文庫に収められているということもあり、今後も長く参照されるであろう。

井筒はこの翻訳出版の後にクルアーンの文言の意味論的分析に関する論文をいくつも発表して国内外で高い評価を受け、慶應義塾大学でも長く教鞭をとった。この訳本は本格的クルアーン研究者の手による、最初のものであった。

読み易い翻訳

では次に、藤本勝次・伴康哉《ばんこうさい》・池田修訳の『コーラン』を見ていこう。これは一九七〇（昭和四五）年に中央公論社から「世界の名著」シリーズの一つとして刊行され（当時は「藤本勝次責任編集」）、二〇〇二（平成一四）年に「中公クラシックス」シリーズに全二巻となって再び収められている。この訳本は平易な文体でバランスよく情報が含まれている点が特に評価できるだろう。

訳者三人はそれぞれイスラームやアラビア語の学術研究者である。中世イスラーム文化史を専門とする藤本は関西大学で、セム言語学専門の伴とアラビア語文法学専門の池田は双方とも大阪外語大学アラビア語学科（現大阪大学）で教鞭をとっていた。よって井筒俊彦訳に続いて、大学研究者の手によるクルアーン訳が刊行されたということである。

その文体は、三人での共訳ということもあるのだろう、井筒訳のような際立った特色があるわけではなく、原典の荘厳さを伝えることは難しくなっている。だがその分、簡素なごく普通の文体となり、好悪が生じることなく多くの読者に受け入れられると考えられる。

ではその第一章「開巻の章」訳を見てみよう。

㈠慈悲ぶかく慈愛あつき神の御名において。
㈡神に讃えあれ、万有の主、
㈢慈悲ぶかく慈愛あつきお方、

㈣審判の日の主宰者に。
㈤あなたをこそわれわれは崇《あが》めまつる、あなたにこそ助けを求めまつる。
㈥われわれを正しい道に導きたまえ、あなたがみ恵みをお下しになった人々の道に、
㈦お怒りにふれた者やさまよう者のではなくて。

このように「アッラー」ではなく「神」と訳していることや、これまでの訳のように「我」「汝」ではなく、「わたし」「あなた」という日常的な人称用語を用いていることなども、この訳の平易さの理由であろう。ムスリムであるアブ・バクル森本武夫（イスラーム文化協会会長を務めた）もこの訳文を「極めて読み易い、臭味やいや味のない明快簡潔な文体」（「聖クラーン日訳の歴史」）と評価している。

さらに訳文での脚注の分量も必要最低限でうるさくなく、巻末には関連事項の年譜も掲載されており、読者には便利だろう。このようにシリーズものとして出版された事情もあってか、一般の読者が通読できるようにつくられた良い訳本である。

信徒による初の訳本

そしてついに、ムスリムによって初めて原典から訳されたクルアーンが、一九七二（昭和四七）年に刊行された。三田了一（ハッジ・オマル）が訳した『日亜対訳・注解　聖クラ

ーン』である。これは信徒のみならずこれまでの翻訳者たちからも切望されていた、ムスリムによる訳本であった。後の一九八二（昭和五七）年に改訂版『日亜対訳・注解　聖クルアーン』が、さらに一九九〇（平成二）年に携帯に便利なように縮刷版が出されている（ただし一般の書籍販売経路にはのっていないため、直接、宗教法人日本ムスリム協会に問い合わせる必要がある）。

　この訳本は、信徒が信仰のために苦労を重ねて生み出したものである。訳者の三田はパキスタンで指導を受けながら翻訳を開始した。それを知ったラービタ（世界イスラーム連盟）の招きによりサウジアラビアを訪れ、その援助を受けて翻訳作業を続けた。その後さらに日本に帰国して翻訳に専念し、印刷上のアラビア語活字の問題などを解決して、ようやく刊行することができた。この間、約一二年かかったという。

　この翻訳のきっかけは、日本ムスリム協会の二代目会長に就任した三田が井筒訳クルアーンを読み、「何としても日本人ムスリムの手による『日訳コーラン《ママ》』の完成の重要性を痛感し、遂に彼自身この難行に挺身することを決意するに至った」（アブ・バクル森本武夫「聖クラーン日訳の歴史」）ためであるらしい。

　森本武夫は井筒訳に関して、「余りにも流暢な口語訳であるために、かえって原典の逐字的意味に対する疑問を感ずる結果となり、クラーン《ママ》を単なる読物としてでなく、宗教的にイスラームの真理を探究しようとする読者には、必ずしも満足されるとは限らない一面がある」（前掲書）と述べている。信徒にとっては、井筒訳はあまりに彼自身の文体の特長が出てしまったものなのかもしれない。

そのタイトルに「日亜対訳」とあるように、三田訳クルアーンは各ページの左側に日本語訳、右側にアラビア語原文が配置され、一目で読み比べることができる大変便利なつくりとなっている。イスラームの教義は基本的に、クルアーンは翻訳されるべきではないとしている。だがアラビア語を母語としないムスリムが急増する現状に鑑み、「意訳」という認識での訳は認められている。三田訳の「対訳」レイアウトは原文重視のこの考え方に少しでも沿うようにという意識の表れでもあるのだろう。

また、その訳も原文に忠実であろうとする意識が強くにじみ出ている。これは井筒訳のような、ある意味で自由奔放な個人的要素が訳文に入ることを排す姿勢であると言えよう。信徒として原文を尊重するのはごく自然である。だがその分、日本語だけ読んでも分かりづらいことがしばしばあることは否定できないように思われる。そこで、右側にあるアラビア語と合わせて読めば意味を取ることができるという具合である。前述したような翻訳開始の経緯からすると、意図的に原文理解のために直訳風に翻訳したのかもしれない。

以下、その改訂版の第一章の「開端章」訳を引用してみよう。

㈠慈悲あまねく慈愛深きアッラーの御名において。

(二)万有の主、アッラーにこそ凡《すべ》ての称賛あれ、
(三)慈悲あまねく慈愛深き御方、
(四)最後の裁きの日の主宰者に。
(五)わたしたちはあなたにのみ崇め仕え、あなたにのみ御助けを請い願う。
(六)わたしたちを正しい道に導きたまえ、
(七)あなたが御恵みを下された人々の道に、
あなたの怒りを受けし者、また踏み迷える人々の道ではなく。

文体は平易で分かりやすい口語体である。一見して分かる特徴としては、「アッラー」やそれを指している「あなた」が太字にされていることが挙げられる。こうすることで読者は混乱なく読むことができ、同時に敬神の念を表現することも可能となっている。

さらに指摘しておかなければならないことは、三田が訳すにあたって参考にしたのはムスリムの解釈であったことであろう。訳本冒頭の「聖クラーンの訳注について」にこうある（括弧内は筆者）。

畏敬するパキスタンのハフィズ（「ハーフィズ」。クルアーン暗誦者）、故アブドゥル・ラシッド・アルシャヤッド氏の講義を基礎にし……（その死後は）……内外の多くの既刊

の翻訳書を参考したが、原典の本文についてはマゥラナ・アブドゥル・マージド氏の英亜文対訳書に負うところ多く、また注解の方は主としてA・ユスフ・アリ氏の英亜文対訳書によった。

後の二人はインド出身のムスリムである。後者のアブドゥッラー・ユースフ・アリー『聖クルアーン　翻訳と注解』は一九三四―三七年に（今でも広く用いられている）、前者アブドゥル・マージド・ダルヤーバーディー『聖クルアーン　英訳と注解』は一九四一～五七年に、それぞれラホールで刊行されている。

三田訳のクルアーンは信仰を目的とし、その翻訳の過程においてもさまざまなかたちでムスリムどうしの援助を受けている。前述のように参考とした翻訳書として二点明記しているということは、この日本語訳もその流れに属するという表明でもある。つまり、この訳本は研究者ではなくムスリムによる翻訳書の系譜に属すという認識が存在していることがうかがえよう。

こうして昭和期にはイスラームに関する理解や知識が充実し、それに基づいたクルアーン日本語訳が、研究者や信徒の手によって誕生するに至った。最初の坂本訳から最新の三田訳まで、五〇年ほどであった。クルアーン日本語訳の歴史――極めて短いものではあるが――は日本人のイスラームに対する関心のあり方を反映しながら展開されてきた。

＊＊＊

以上が、初版が出された二〇〇四年までに刊行されたクルアーン日本語訳についてである。その後の二十年間で、驚くほど多くの日本語訳が日本人ムスリムたちによって世に出された。次章ではそれらについて見ていくことにしたい。

第五章　改宗者ムスリムとクルアーン翻訳

クルアーン英訳とモハメド・アリの肖像画。フィラデルフィア（アメリカ）の「ニュー・アフリカ・センター」にて。当センターはアフリカ系アメリカ人ムスリムの改宗の歴史を展示。モハメド・アリはボクサーとして活躍した、アフリカ系アメリカ人改宗者ムスリムのシンボル的存在である（筆者撮影）

前章以降、二〇年間のクルアーン日本語訳の展開をみると、そこはイスラームに入信した日本人たちの活躍の場となっていた。坂本による最初の訳書から本章執筆までにほぼ一〇〇年がたっているが、この直近の二〇年間でさらに六つの翻訳書が刊行された（再版された大川周明訳は除く）。

これら最近の訳書の明らかな特徴は、ムスリムによる翻訳であること、多くが日本人改宗者であること、そして各翻訳にイスラームの多様性が反映されていることであろう。日本社会もゆっくりとではあるが、さまざまな形でムスリムを社会に受け入れてきているため、これがクルアーンの日本語訳史にもはっきりと見てとれる。

そこで本章では「改宗者ムスリムとクルアーン翻訳」と題して、本書第四章以降に世に出た六つの日本語訳をとりあげる。さらに筆者の最近の研究調査をもりこみ、西洋世界での改宗者によるクルアーン翻訳についても解説する。欧米でもクルアーンの翻訳書は頻繁に新しいものが刊行されているが、そのなかでも改宗者ムスリムによる英語翻訳の重要性は高く、独特の影響力をもっている。

まず、改宗者ムスリムについて説明したい。次にヨーロッパとアメリカの改宗者によるクルアーン英語訳を概観し、その後、日本語への最近の訳本を見ていく。そうすることで、イスラームをめぐる日本の状況の特質がよく分かるのではないかと思えるからである。

1　ムスリムに改宗した人たち　「危険分子」か「仲介者」か

「改宗」とは

「改宗」や「入信」、さらに「回心」という言葉がある。これらは全く同じではないが近い意味合いをもつ。どれも信仰の面において、一つの価値世界から異なる別の価値世界に移行することを意味している。所属する宗教を変える場合に用いられるだけでなく、所属は変えずに信仰の認識が大きく変革する場合に用いられることもある。いずれにしても、それまでの世界観から抜け出し、全く新しい精神の場所に移るという重大な人生の変化を意味している。

日本は宗教意識が薄い社会で、イスラームに「改宗」する、というよりも「入信」すると言った方がしっくりくるかもしれない。とはいえ、特定の信仰に属していた日本人の改宗もあるし、かつ「回心」はキリスト教的文化背景をもつ用語でもあるため、ここでは「改宗」という言葉を使っていきたい。

英語では「コンバージョン」が「改宗」に当たる一般的な用語となる。最近は「宗教的切り替え」という意味でスウィッチング、「回帰」という意味でリヴァージョンという用語も使われる。アラビア語では一般的な信仰の変更というよりもむしろ、「アスラマ（イスラームに帰依《きえ》する）」という言葉が用いられる。イスラームから他宗教に改宗する者はいるが、棄教は厳しく罰せられることもある。

仲介者としての改宗者

二〇一七年のデータによれば世界中の改宗する人々のなかで、イスラームに入信する者が最も多い（Pew Research Center, "The Changing Global Religious Landscape"）。二〇〇一年の911（アメリカ同時多発テロ）の後、世界中でイスラモフォビア（イスラム恐怖症）の傾向が強まったが、アメリカではムスリムになる人が急増していた。また「白い未亡人」というイギリス人改宗者女性が、テロ活動に関わったとされて、欧米社会に衝撃を与えたこともあった。彼女は二〇〇五年のロンドン同時爆破テロ事件容疑者の妻であった。このようななか、ムスリムに改宗した者は、元の社会にとって「危険分子」になるのではないかという懸念が出てきたのであった。

改宗者は宗教の所属を変えたとしても元の共同体と絶縁しなければ、二つの共同体に属すことになる。改宗者がイスラーム過激派の影響を受けて、元々属していた社会を攻撃するならば、元の社会から見れば「危険分子」つまり「敵」ということになる。しかしこの二つの共同体に属し、それぞれを理解しているという特性は、新しい価値をもつこともできる。それが「仲介者」で、双方の間をとりもつ「味方」という役割である。

欧米社会では、改宗者ムスリムがテロリストなのか仲介者なのかという議論や調査がいくつも行われた。概《おおむ》ね結論としては、テロ活動に参加する改宗者は極めて例外的で（一％以下というデータもある）、ほとんどの改宗者は二つの領域の「仲介者」であるということだった。ただ「仲介」の方法は、元の社会とイスラームの価値観のどちらに重点をおくかで異なってくる。しかし共通して言えるのは、二つの共同体を何らかの方法で接合して再構築しようと模索している人々であるということである。その模索の一つの表れがクルアーンの翻訳だと考えられる。翻訳は二つの文化体系の融合だからである。

ヨーロッパでのイスラームへの改宗の歴史

イスラームへの改宗の歴史を簡単に振り返ってみたい。ムハンマド没後、イスラームが急激に版図を広げていくなかで、改宗者も増えていった。例えばイランや北アフリカ、インドでは軍事的征服が改宗のきっかけであった。またアフリカや東南アジアでは交易やスーフィズム（タサウウフ、イスラーム神秘主義）の伝播が改宗の大きな要因となっている。

さらに、自らの属す社会への不満からあえてイスラームに改宗する人々もいた。「コーランか剣か」という言い回しがあるように、イスラームへの改宗は強制的なものであるイメージがあるかもしれない。だが、自発的なケースも決して少なくないことは重要な歴史上の事実であろう。

ヨーロッパでも近代以前から改宗が始まっていたが、個人レベルでのものであった。一八世紀後半から二〇世紀の植民地時代には、西洋諸国が中東やインドのムスリムを支配するなかで、ムスリム地域に職務や旅行で訪れ、改宗する者が出ている。理由としては植民地支配下にあるムスリムを助けたいという意識を持つ者が多く、さらにその文化や教えに魅《ひ》かれたという者もいた。このような背景のため、上層階級の男性の改宗者が多く、後でとりあげるピクソールやムハンマド・アサドなどもこのタイプである。

植民地時代以後は、多くのムスリムがヨーロッパ諸国に移動するようになり、直接的な関わりのなかから改宗する者が増えた。契機として、アラビア語のクルアーンやアザーンを聞いたり、クルアーン翻訳書を読んだりして感動したため、と述べる改宗者も多い。

アメリカでのイスラームへの改宗の歴史

アメリカ合衆国は従来のムスリム地域とは隔絶しており、ヨーロッパとは異なる改宗の歴史をたどってきた。ただしアメリカ合衆国の最初のムスリムは改宗者ではなく、アフリカから強制連行された黒人奴隷たちのなかにいた。例えばオマル・イブン・サイード（一八六四年没）は一八〇七年にアメリカに奴隷とされて連行されたが、アラビア語で自伝を残しており、アメリカ議会図書館がデジタル化して公開している。それによれば、オマルは今のセネガルのフタ・トロに生まれた宗教学者であったが、アメリカの南カロライナ州に奴隷として連行されたという。

ムスリムの黒人奴隷たちはアフリカ由来の自分たちの文化をアメリカで残すことはなかったが、一九六〇～一九七〇年代の「ブラック・ナショナリズム」運動のなかでイスラームへの関心が高まっていった。キリスト教徒からイスラームに改宗したマルコムX（一九二五～一九六五年）に代表されるように、アメリカ社会で人権を奪われてきた奴隷の子孫であるアフリカ系アメリカ人のなかから改宗者が出てきたのであった。

マルコムXの改宗の契機となったのはネーション・オブ・イスラームの教えであった。それは、白人憎悪・黒人礼賛を基調として、奴隷となる前のアフリカでムスリムであった本来のアイデンティティを追求する思想である。

オマル・イブン・サイード。アメリカ議会図書館（Library of Congress）ウエブサイトより

また、ネーション・オブ・イスラーム創設に影響を与えた組織にムーイッシュ・サイエンス・テンプル・オブ・アメリカがある。自分たちを黒人ではなくムーア人（北西アフリカのムスリムをヨーロッパ人がこう呼んだ）と呼び、イスラームへの回帰を説いて、アメリカの白人支配からの解放を追求した。創設者ノーブル・ドリュー・アリ（一八八六～一九二九年）は自分に啓示が下されたとして『クルアーン』を著し、聖典とした。これもアメリカ議会図書館でデジタル版が公開されているが、クルアーンとは全く異なる内容で、当時、イスラームの教義が十分に伝えられていなかったことが明らかである。

このように、当時のアフリカ系ムスリム組織はイスラームについての情報が極めて乏しい状態で黒人ムスリムとしてアメリカ社会で差別にたちむかい、自らのアイデンティティを模索していた。

この傾向は今なお続いており、白人が支配するアメリカ社会へのアンチテーゼとして、差別に苦しむアフリカ系アメリカ人がイスラームを選択するという傾向が強い。例えばクルアーンを男女同権の視点から解釈し、アメリカ国内外に大きな影響を与えてきたアミナ・ワドゥードもこの一人である（特に最近、ヒスパニック系のムスリム改宗者が増えているが、恐らく同じ理由によると考えられる。ヒスパニック系の人々にとってはスペインのムスリム支配地域であった歴史上のアンダルシアが、自分たちがムスリムである根拠となっている）。

さらにアメリカ合衆国のムスリム改宗者で重要な役割を果たしているのが、いわゆる白

ジョージタウン大学モスク。金曜礼拝が始まる少し前（筆者撮影）

人（ヨーロッパ系アメリカ人）の改宗者である。白人改宗者はムスリム諸国からの移民を介して改宗するケースが多く、先にのべた「仲介者」としての役割を果たしている。ヨーロッパ系アメリカ人がイスラームに改宗する理由はさまざまであるが、アメリカ社会が世俗化していることに疑問をもち宗教的権威を求めるというケースも少なくない。また、男性よりも女性の改宗者が多いのが特徴である。

例えば若者向け小説の人気作家G・ウィロー・ウィルソン（一九八二年生）はアメリカで生まれ育った白人女性で、病気がちで悩んだことを契機にイスラームに改宗する。マーベルコミックの『Ms.マーベル』の原作者でもある。Ms.マーベル（カマラ・カーン）はニュージャージー州に住むパキスタン系のアメリカ人ムスリム女子高校生で、ある時、突然スーパーパワーを身につけ、活躍する。ウィルソンは誤解されがちなバックグラウンドを持つ若いキャラクターを作りたかったと述べており、ムスリム作家ならではの視点を世に示している。

ただし、アメリカのムスリムの多くを占めるのは移民系の人々である。二〇世紀に入るとアメリカにも中東や南アジアなどのムスリム諸国からの移民が増え、その存在感を強めていった。例えばイナーヤト教団などのスーフィー教団は二〇世紀初頭からアメリカで活動し、アメリカ文化に影響を与えてきた。白人改宗者と違って、アフリカ系ムスリムは移民系ムスリムと交流が希薄であった。アフリカ系ムスリムのイスラーム理解や実践が情報不足のためあまりに異なっていることも大きな要因であった。だが、昨今特に911以降、両者は同じムスリムとしてのネットワーク作りを熱心に行っている。

改宗者ムスリムにとってのクルアーンと翻訳

ムハンマドがイスラームを説き始めた後、最初の改宗者は妻のハディージャで、次いで従兄弟のアリーであった。しかし、第一章で述べたように、イスラーム最初期はムハンマドの教えに敵対する者が多く、ムスリムになった者たちは激しい迫害を受けた。後に第二代正統カリフとなったウマルもまた、当初はイスラームを激しく拒絶し、ムハンマドを憎

改宗したアメリカの有名ティックトッカー。アバウト・イスラーム（About Islam）より

み、ムスリムになった者たちを攻撃していた。そのようなウマルの改宗の経緯についていくつか伝承があるが、それらはクルアーンに魅了されたことがきっかけだったと伝えている。ある伝承によれば、ウマルはムハンマドがカアバ聖殿でクルアーンを朗誦するのを聞き、心がなごみ、泣いたという。その後すぐにウマルはムハンマドに改宗を告げたのであった。

現代でもクルアーンに魅了されて改宗する者は少なくなく、その影響力は今なお強いと言える。インターネットで検索すると改宗者ムスリムの情報や動画が数多く出てくる（ただしムスリムから別の宗教に改宗する人たちの情報が少なくないのは重要な事実である）。

例えばアバウト・イスラームというムスリム系ウェブサイトを読むと、アメリカで有名なティックトッカー（TikTokでフォロワーの多い発信者）のミーガン・ライスがクルアーンを読んで感動し、改宗したという記事がある。この記事は二〇二三年一一月のもので、冒頭にはパレスチナの人々はどれほど苦難に満ちてもイスラームとともにある、と書かれている。イスラエルとの激しい戦闘が前提にあり、そのなかでアメリカの若者に支持されているティックトッカーが改宗したことを喜ぶ内容となっている。

このように改宗をうながすほどの力のあるクルアーンだが、第一章でふれたように、アラビア語以外に「翻訳する」ことを否定的にとらえる意識もある。クルアーンはアッラーの言葉そのものであることが理由である。しかし、近代以降さらにイスラームが世界中に広まり、アラビア語以外でクルアーンを「解説する」必要性が高まった。そのため「翻訳」は積極的に行われるようになってきたし、しかも一つの言語で複数の翻訳書が世に出ている場合も少なくない。

例えば筆者も調査したことがあるが、カンボジアやベトナムにチャム人というマイノリティのムスリムがいる。これまでにチャム語の翻訳は筆者が知るだけで三点出されており、それぞれ別の組織から翻訳されている。少数民族の言語に一度訳されたからといって、それに皆、満足するわけではないということである。本章でこれから扱う英語や日本語の翻訳書刊行もとどまるところを知らないといった状況にある。

なぜムスリムによるクルアーン「訳」が頻繁に刊行されなければならないのか。まずは、アラビア語以外を母語とするムスリムにとって、それぞれの言葉でクルアーンを理解したいという理由があるだろう。しかし一つの言語のなかでもさらに複数のクルアーン翻訳が次々に現れるのはなぜだろうか？　それはムスリムのイスラーム理解が多様であり、自分の理解するクルアーンを自分の納得のできる言葉で表現したいからなのだと考えられる。さらにクルアーン翻訳という偉業を成し遂げたなら、それはムスリムのコミュニティへの貢献にもなり、非ムスリムがイスラームを理解する道筋にもなる。

翻訳という行為は人間の知的営みの一つである。

翻訳は原作の鏡である。ただし特殊な造りの鏡で、原作が属する文化とは異なる文化の装置が一面に嵌め込まれている。原作のなかで、その鏡が映しだしにくい部分は歪められ、変形させられ、ときには鏡面から完全にはじかれて写されなかったりする。

（北條文緒『翻訳と異文化』みすず書房、二〇〇四年）

ここでいみじくも言われているように、翻訳は原著とは異なる変形物であり、鏡の数だけ翻訳もあり得るのである。鏡はムスリムであることもあり、そうでないこともある。クルアーン翻訳は非ムスリムによってもなされてきた。この点もふまえながら、次にヨーロッパとアメリカの翻訳史を概観していきたい。

2 ヨーロッパの改宗者ムスリムによるクルアーン翻訳書

ヨーロッパのクルアーン翻訳史

それぞれの国や地域、言語の翻訳史は当時の状況を如実に反映していて、大変おもしろい。ヨーロッパのクルアーン翻訳史も簡単に言えば敵対から融合へと言える経緯をたどってきている。ここでは最初のヨーロッパ言語訳とその後の英語訳について見ていきたい。

ヨーロッパ言語としては、一二世紀にラテン語に翻訳されたのが最初のクルアーン訳であった。ケットンのロバートというイングランド人僧侶による。ロバートは一一四二年にスペインのトレド周辺にいて、クリュニー修道院長の尊者ピエールからクルアーン翻訳を依頼された。翻訳書のタイトルは『偽預言者ムハンマドの法とアラビア語のコーラン』であり、明らかにムスリムへの敵愾心《てきがいしん》と蔑視が見てとれる。

ラテン語は当時の学問界の共通言語であり、神学や科学の分野で用いられていた。ではなぜ一二世紀に、しかもスペインでなのだろうか？　一二世紀のスペインでは、まだコルドバなどを含む南部のアンダルシアがムスリム王朝ムラービト朝の支配下にあった。キリスト教徒たちがこの地域を奪還するためにレコンキスタ運動を行い、ムスリムと対峙《たいじ》していたのがこの時代である。しかも地中海の東側では第二回十字軍が一一四七〜一一四九年にエルサレムに遠征し、ムスリムと争っていた。そのなかで、クルアーンの最初のヨーロッパ語訳が生まれたことになる。キリスト教徒は敵であるムスリムの聖典を知ったうえで否定する必要があったのである。その後、ケットンのロバートの訳書は写本や印刷本としてヨーロッパで広く読まれ続けた。

英語訳が出たのは一七世紀半ばになってからである。訳者はアレキサンダー・ロスというチャールズ一世のチャプレンであった。アラビア語原典からではなく、アンドレ・ドュ・リエのフランス語訳に基づいて翻訳した。タイトルは『マホメットのアルコーラン――トルコ人の虚栄を知りたいと願う全ての人々を満足させるために、ドュ・リエ卿によってアラビア語からフランス語に訳されたものを新たに英語に訳した』となっている。当時はオスマン朝が繁栄しており、「トルコ人」は「ムスリム」を意味していた。この翻訳のタイトルにはヨーロッパがオスマン朝ムスリムに対してもっていた敵対心が明白に示されている。

その後に刊行された英語翻訳書のなかには、前章で述べた日本語訳者たちが参照したものも含まれる。一八世紀前半にイギリス人法律家のジョージ・セールが英語訳『コーラン――モハメドのアルコーランと一般的に呼ばれる』を刊行した。この翻訳はアラビア語原典から訳され、その後二〇〇年にわたって広くイギリスとアメリカ合衆国で読まれた。セール訳の後、イギリス国教会聖職者 ジョン・M・ロッドウェルが一九世紀後半に翻訳書を刊行し、これも版を重ね、英米で広く読まれた。ただこの翻訳は、クルアーンの章の順番を啓示の時代順に並べかえたという大胆なものであった。タイトルはまさに『コーラン――アラビア語からの翻訳、スーラ（章）は年代順に配置して注をつけた』となっている。

ケンブリッジ大学の学者であったエドワード・パーマーも一九世紀後半にアカデミックな翻訳書を世に出した。『クルアーン翻訳』で、「コーラン Koran」ではなく「クルアーン Qur'an」というアラビア語に近い表記となっている。これも英米で広く読まれ、一九六〇年代まで再版された。

前章で取りあげた日本語翻訳者たちが、これら三点の英語翻訳も大いに活用したのはすでに述べた通りである。英語訳の歴史を見ても、当初はアラビア語を直接参照できなかったが、後にアラビア語原典を用いるようになっている。これは日本語のクルアーン翻訳の歴史的展開と同じである。ただ明らかに英語訳と日本語訳の歴史の異なる点は、ムスリムに対する認識のあり方であろう。英語訳はラテン語訳からの認識を引き継ぎ、ムスリムに対する敵愾心から始まり、その後、学問的な認識に移行している。他方日本では、戦前のムスリムへの共感や憧憬から始まり、学問的な認識に移行したのは前章で述べた通りである。

その後、どちらの文化圏でも改宗者による翻訳が始まり、影響力をもつことになるのであるが、次に二人の改宗者ムスリムによる英語訳を見ていきたい。

イギリス人改宗者のクルアーン翻訳

マーマデューク・ピクソールは一九世紀末にイギリスのロンドンで生まれ、小説家やジャーナリストとして知られた。中東など多くの東洋諸国を旅し、インド滞在中にイスラームに魅了される。第二次大戦中はイギリスに戻ったが、アフマディーヤ系モスクを頻繁に訪れ、一九一七年に改宗した。彼にとってヨーロッパ人によるクルアーン翻訳はクルアーンを単なる本として扱い、アラビア語の荘厳さを英語で表現できていないと感じられ、不満であった。そしてモスクで礼拝を率いる時に、自分で翻訳したものを使うようになった。

ピクソールは一九二〇年代にインドに戻り、ニザーム藩王国（ハイダラーバード藩王国）に仕え、一九二八年からクルアーンの翻訳をするために二年間の有給休暇をもらうことになる。英語を母語とする文筆家の改宗者ムスリムであったがゆえに、西洋の研究成果と伝統的なムスリム学者の成果の双方をふまえた翻訳となった。『偉大なるコーランの意味』というタイトルで一九三〇年に刊行され、その後も版を重ねた。一九九〇年代と二〇一〇年代にそれぞれ改訂版が出されるほど高く評価されている。

タイトルに「意味」という言葉が入っているのは、クルアーンを翻訳することを認めない立場を配慮したものである。ピクソールは自分の翻訳についてアドバイスをもらおうと、実際にエジプトのアズハル（スンナ派の最も権威ある学府）を訪れている。これは彼がアフマディーヤ（後述）という宗派に属しているため、クルアーンを翻訳するにあたってアズハルからも許可を得ようとしたのである。しかしそこで彼が目にしたのは、そもそもクルアーンを翻訳してよいかどうかで見解を異にする宗教学者たちであった。「翻訳」ではなく「意味」というタイトルであれば許可をもらえたため、このようなタイトルになったのである。改宗者であるからこそ、英語文化とイスラーム文化の双方をふまえた形での訳書が誕生したと言えるであろう。

ピクソールの翻訳の文体には、日本語で言うと戦前の文語体のような威厳がある。聖書の英語訳の「ジェイムズ王訳」（「欽定訳」）に比されることもある。古い英語を用いている具体例としては、アッラーに対して二人称で呼びかける時、「You（あなた）」ではなく「Thou（汝）」、「your（あなたの）」ではなく「Thine（汝の）」、do の三人称単数形 "does" の代わりに "doth" を使っている。また「Lo!」という古い感嘆句が多用されるが、他の英語訳では「Truly（実に）」と訳されることが多い。

ユダヤ教徒からの改宗者のクルアーン翻訳

レオポルド・ヴァイス、後のムハンマド・アサドは、一九〇〇年にオーストリアのユダヤ教徒の家に生まれた。そのため子どもの頃にヘブライ語やアラム語を深く学び、その後、ジャーナリストとなって、ピクソールのように中東諸国を訪れた。パレスチナでは、ユダヤ人国家を建設しようとしていたシオニストに反対の立場であることを表明している。一九二六年に改宗し、ムハンマド・アサドというムスリム名を得た。アサドはアラビア語でライオンを意味し、元の名前のLeoから付けられたという。

アサドの有名な自伝『メッカへの道』にはその改宗の経緯が叙述されている。彼は、ベルリンの地下鉄で身なりは良いが不幸そうな人々の様子を見て違和感を覚えた。そして家に帰ると読みかけのクルアーンが開かれていた。そこにある句を読むと、人間の貪欲さを批判する内容が書かれており、アサドはそれを啓示による答えだと考えた。そしてすぐにベルリンで改宗したのであった。

その後、サウディアラビアに滞在し、初代国王アブドゥルアズィーズ・イブン・サウード（在一九二五〜一九五三年）と交流した。また英国支配下のインドを訪れた際には、詩人でありパキスタン建国に影響を与えたムハンマド・イクバール（一八七七〜一九三八年）とも友情をはぐくんだ。イクバールはアサドにムスリム国家建設を助けるためにインドに残って欲しいと依頼し、アサドはそれに応じた。一九四七年にパキスタンがイギリスより独

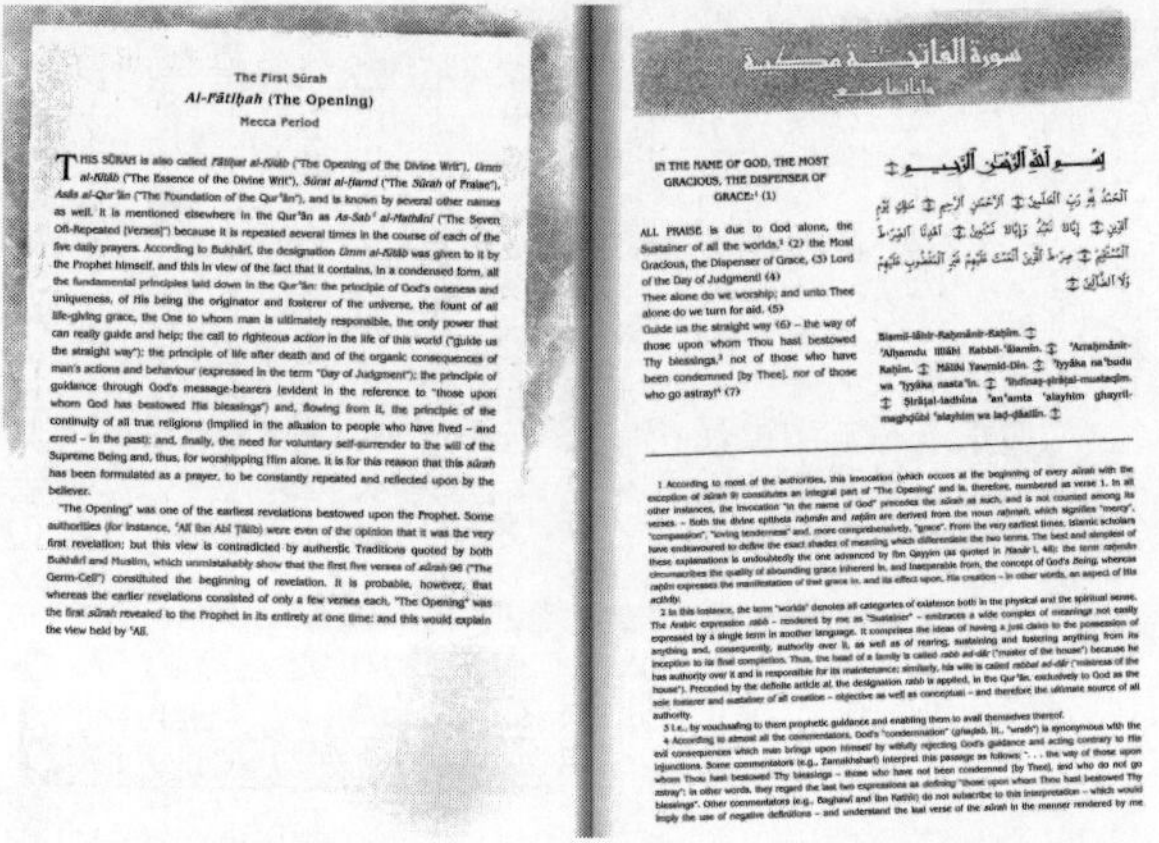

The First Sūrah

Al-Fātiḥah (The Opening)

Mecca Period

THIS SŪRAH is also called *Fātiḥat al-Kitāb* ("The Opening of the Divine Writ"), *Umm al-Kitāb* ("The Essence of the Divine Writ"), *Sūrat al-Ḥamd* ("The *Sūrah* of Praise"), *Asās al-Qur'ān* ("The Foundation of the Qur'ān"), and is known by several other names as well. It is mentioned elsewhere in the Qur'ān as *As-Sab' al-Mathānī* ("The Seven Oft-Repeated [Verses]") because it is repeated several times in the course of each of the five daily prayers. According to Bukhārī, the designation *Umm al-Kitāb* was given to it by the Prophet himself, and this in view of the fact that it contains, in a condensed form, all the fundamental principles laid down in the Qur'ān: the principle of God's oneness and uniqueness, of His being the originator and fosterer of the universe, the fount of all life-giving grace, the One to whom man is ultimately responsible, the only power that can really guide and help; the call to righteous *action* in the life of this world ("guide us the straight way"); the principle of life after death and of the organic consequences of man's actions and behaviour (expressed in the term "Day of Judgment"); the principle of guidance through God's message-bearers (evident in the reference to "those upon whom God has bestowed His blessings") and, flowing from it, the principle of the continuity of all true religions (implied in the allusion to people who have lived – and erred – in the past); and, finally, the need for voluntary self-surrender to the will of the Supreme Being and, thus, for worshipping Him alone. It is for this reason that this *sūrah* has been formulated as a prayer, to be constantly repeated and reflected upon by the believer.

"The Opening" was one of the earliest revelations bestowed upon the Prophet. Some authorities (for instance, 'Alī ibn Abī Ṭālib) were even of the opinion that it was the very first revelation; but this view is contradicted by authentic Traditions quoted by both Bukhārī and Muslim, which unmistakably show that the first five verses of *sūrah* 96 ("The Germ-Cell") constituted the beginning of revelation. It is probable, however, that whereas the earlier revelations consisted of only a few verses each, "The Opening" was the first *sūrah* revealed to the Prophet in its entirety at one time: and this would explain the view held by 'Alī.

IN THE NAME OF GOD, THE MOST GRACIOUS, THE DISPENSER OF GRACE:[1] (1)

ALL PRAISE is due to God alone, the Sustainer of all the worlds,[2] (2) the Most Gracious, the Dispenser of Grace, (3) Lord of the Day of Judgment! (4)
Thee alone do we worship; and unto Thee alone do we turn for aid. (5)
Guide us the straight way (6) – the way of those upon whom Thou hast bestowed Thy blessings,[3] not of those who have been condemned [by Thee], nor of those who go astray![4] (7)

Bismil-lāhir-Raḥmānir-Raḥīm. Alḥamdu lillāhi Rabbil-'ālamin. Arraḥmānir-Raḥīm. Māliki Yawmid-Dīn. Iyyāka na'budu wa 'iyyāka nasta'īn. Ihdinaṣ-ṣirāṭal-mustaqīm. Ṣirāṭal-ladhīna 'an'amta 'alayhim ghayril-maghḍūbi 'alayhim wa laḍ-ḍāllīn.

ムハンマド・アサド『クルアーンのメッセージ』の第１「開扉」章

立して建国されると、アサドはその貢献によって市民権を与えられ、パキスタンの国連全権大使を務めている。

一九六〇～一九七〇年代はスイスやモロッコに住み、クルアーンの英語訳に約一七年をかけた後、一九八〇年に『クルアーンのメッセージ』が刊行された。文体はTheeを使う文語体で格調がある。レイアウトはアラビア語とその英語翻字、そして英語の対訳となっているので、アラビア語になじみがない者もクルアーンを読み上げることができる。さらに、古いクルアーンの写本を彷彿《ほうふつ》とさせるクーフィー体で書かれた章タイトルなど、イスラームの原点を感じさせる作りとなっている。

この訳書は現在に至るまで高い評価を受けているが、それは訳や注が知的かつ理性的であることが大きな理由であろう。特にエジプトの改革思想家ムハンマド・アブドゥ（一八四九〜一九〇〇年）とその弟子ラシード・リダー（一八六五〜一九三五年）によるクルアーン解釈書『マナールのタフスィール』の影響が大きい。アサドは伝統的な解釈を乗り越え、理性と思考でもって自らクルアーンを理解しようとしたのであった。例えば第2章第14節の「サタン（悪魔）」は、邪悪な行いをする者の比喩とする伝統的な解釈を否定している。アサドは「サタン」は心が真理から離れた者だとして、「邪悪な衝動」がある者たちという訳を示し、行動だけでなく内面にもふみこんだ解釈となっている。

3　アメリカの改宗者ムスリムによるクルアーン翻訳　女性の活躍

現代アメリカのクルアーン翻訳

アメリカ合衆国では、すでに述べたようにヨーロッパで刊行された英訳が広く用いられてきたが、さらにアメリカ人による翻訳も頻繁に世に出されている。ここでは現代的かつアメリカ的と思われる二つの翻訳書を取りあげたい。簡易で分かりやすい言葉による翻訳書と、言葉よりもビジュアルを重視した翻訳書である。

やさしい英語でクルアーンを翻訳することが求められる背景には、移民や改宗者が増え、アラビア語やイスラームについての知識を伝えることが簡単ではない状況があるためだろう。そうすると、難しい言葉での翻訳は理解しづらく、聖典へのアクセスが困難に感じられる場合が多くなる。これは後で述べるように、日本でも生じていることである。

やさしい言葉でクルアーンを翻訳することを目的として、タラール・イタニーは二〇一二年に『英語のクルアーン　はっきりやさしく分かるための現代英語訳』を刊行した（イギリスでも似たコンセプトの翻訳書として、ターヒル・マフムード・キアニーが二〇一九年に刊

サンドウ・バーク『アメリカン・クルアーン』の第113「黎明」・第114「人々」章。公式ウェブサイト（https://sandowbirk.com/）より

行した『易しいクルアーン　シンプルな英語での翻訳』がある）。イタニーはレバノン出身のアラブ系アメリカ人の電気・電子系エンジニアである。

日常生活で使われる英語で翻訳することが目的なため、平易な英単語を使って、分かりやすい構文の英語で書かれている。翻訳はウェブサイト上で読み、聞き、かつダウンロードもできるようになっている。興味深いことに、「アッラー（Allah）」と「神（God）」の表記を選ぶことができるようになっており、読者の好みに配慮した翻訳となっている。

もう一つアメリカらしいクルアーン英訳がサンドウ・バークの『アメリカン・クルアーン』で、これはかなり型破りな英訳書である。バークはムスリムではなく、ロサンゼルスを拠点とする芸術家である。

図にあるように、クルアーンの英語訳の背景にビビッドなアメリカの日常風景が描かれていることが多い。だがそれだけでなく、政治的なメッセージを込めた911やグアンタナモ収容所などの絵が描かれているページもある。イスラームは偶像崇拝を禁じ、クルアーンも伝統的に挿絵はなく文様のみで飾られてきた。ゆえにバークの翻訳書は、きわめて斬新であるのは間違いない。しかも訳文はバーク自身のものというよりも、ロッドウェルやピクソール、アサドなどこれまでのいくつかの英訳を参照しているという。ムスリムではないアメリカ人のバークならではのクルアーン英語版ということになる。

なぜこのようなビジュアル重視のクルアーンを作成することにしたのかについて、バークは、アメリカ人がクルアーンを誤解したままなのはおかしいと考えたからだと述べている。イスラームの伝統的なクルアーン装幀のあり方を覆し、さらに翻訳者がさまざまに工夫をこらして心血を注いできた言葉も寄せ集めで良しとしている。画期的で、ある意味でアメリカ的なクルアーン「翻訳書」だと言えるだろう。先ほどふれた『Ms.マーベル』の原作者ウィルソンもこのクルアーン英訳について、なごませられるが教育的ではなく、極めてアメリカ的だと評している。

これらに加えて、さらにアメリカ的と言えるだろう特徴が、女性改宗者ムスリムによる翻訳書が少なくないことである。そもそも欧米では男性よりも女性の改宗者が多い傾向があり、イギリスでは女性が男性の二倍、アメリカでは四倍だという。次に、女性改宗ムスリムによるクルアーン翻訳を三点とりあげるが、それぞれアメリカのイスラームの潮流をよく反映したものとなっている。

改宗者三人による最初の女性クルアーン英訳書

アメリカ人の女性改宗者三人が手がけた『クルアーン　英語の意味』は、女性による最初の英訳クルアーンである。サウディアラビアの出版社から一九九七年に初版が刊行された。英語訳はウンム・ムハンマドと呼ばれるエミリー・アッサミーが中心になっている。彼女は南カリフォルニアに一九四〇年に生まれ、シリア出身の夫とともにダマスカスに移り住み、ダマスカス大学でアラビア語を学んだ。かつては無神論者であったが、一九七四年にシリアでイスラームに改宗したという。一九八一年にサウディアラビアに移り、ジェッダで英語話者のムスリムたちにクルアーン解釈（タフスィール）やイスラーム法学（フィクフ）を教え、八〇以上のイスラーム関連書籍を刊行している。この授業でのクルアーン訳が美しいと評判が広がり、翻訳書を刊行するに至ったようである。

二人目のアマトゥッラー・J・ベントレーは、出版社ダール・アブル-カースィムをジェッダで経営し、多くの翻訳書を刊行してきた。この翻訳書の初版はこの出版社から刊行されている。ベントレーはアメリカのカトリックの家に生まれたにもかかわらず無神論者

エミリー・アッサミー（ウンム・ムハンマド）と『クルアーン　英語の意味』。ムスリムインク（Muslim Ink）より

になっていたが、ムスリムの友人の影響からムスリムになったという。一九八六年に入信し、翌年サウディアラビアに移り住んだ。三人目のメアリー・ケネディは編集者の役割を果たしている。フロリダ州出身で、キリスト教徒であったが、イスラームの本を読み、改宗を決意したという。

このように三人のアメリカ人女性はサウディアラビアに住み、英語話者のムスリムやアラビア語学習者に向けて、さらには宣教（ダアワ）のために非ムスリム用に、イスラームの教えを伝える役割を担うようになった。そのなかでの大事業がクルアーン翻訳だったということになる。

インターネット上のインタビュー記事を見ると、三人ともニカーブと呼ばれる布で目以外を覆っている。これはイスラームに厳格なサウディアラビアなどでよく見られるムスリム女性の服装である。翻訳者たちが、ワッハーブ主義やサラフィー主義と呼ばれる保守的なイスラームを実践している女性たちであることがうかがえる（ただし昨今、サウディアラビアのイスラームは開放路線に向かっている側面もある）。残虐で保守的なムスリムのテロ集団であったＩＳＩＳ（イスラム国）がこの翻訳を好んで使ったことからも、保守的なムスリムからの支持が強いことがうかがえる。

その英語訳は簡潔で分かりやすく、日常的な英語が用いられている。翻訳者たちは保守的なイスラームを実践しているが、男女関係のあり方について多少なりとも行動を広げるような訳を示している箇所もある。第24「光」章第30‐31節は、通常、男女は互いに「視線を下げて」相手を見ないように、と解釈され訳される。これに対してこの翻訳書では「視界を制限する」となっているため、常に視線を下げる必要はなく、不適切なものを見ないようにすればよいという意味になる。

スーフィー女性改宗者によるクルアーン翻訳書

保守的なイスラームと対極にあると言えるのが、スーフィズム（タサウウフ、イスラーム神秘主義）の潮流である。アメリカではこの潮流に属す組織も数多く活動し、影響力をもってきた。スーフィズムは神との合一を求める思想と儀礼で知られるが、他者への寛容度が高く、現在でも平和的な活動を世界中で展開している。

『高貴なるクルアーン』（一九九九年）は、スーフィー（スーフィズム実践者）のアメリカ人改宗者夫妻によって翻訳された。アーイシャ・アブドゥッラフマーン・ビューリーが夫のアブダルハック・ビューリーの助けを得て訳し、高い評価を得て今も広く読まれている（アメリカ人改宗者のスーフィーによる翻訳としては、カミーユ・ヘルミンスキーの『夜明けの光――聖クルアーンを毎日読む』（二〇〇〇年）もあるが、クルアーンの抄訳である）。

アーイシャ・ビューリーはイスラームの多くの古典文献を英語に翻訳してきたことで知られる。五〇年の間に七〇冊以上、アラビア語文献から翻訳したという。一九四八年にカリフォルニアで生まれ、大学でフランス語を学び、一九六八年に改宗している。厳格なキリスト教徒の家に生まれたが、仏教に魅《ひ》かれた時期を経て、ムスリムになったという経緯をもつ。カリフォルニア大学バークレー校で近東言語学の修士号を取得後、エジプトのカイロでアラビア語やイスラームを学んだ。彼女のイスラーム理解はスーフィーのシェイフ・アブダルカーディル・アッスーフィーによるところが大きい。彼もまたスコットランド出身の白人改宗者で、ビューリー夫妻の師、かつクルアーン翻訳の監修者という人物である。

ビューリーのクルアーン翻訳の特徴は、リズム感があり、読みやすいシンプルな英単語で意味を伝えようとしていることである。これは翻訳者が意図したことである。クルアーンの言葉の逐語訳ではなく本来の意図をできるだけ表現するようにし、さらにクルアーンの重要な特徴である読誦《どくしょう》の美しさを伝えるために、英語のリズム感を重視したという。また重要な用語は英訳されず、アラビア語のままとなっているが、これはこの翻訳書が主に英語話者のムスリムのためのものであるためだと述べている。そうすることで、アラビア語の知識を増やすことができるようにという配慮だと考えられる。

女性改宗者によるフェミニズム的クルアーン翻訳書

フェミニスト系のクルアーン翻訳書として評価が高いものがラレー・バフティアル(一九三八〜二〇二〇年)の『荘厳なるクルアーン』(二〇〇七年)である。彼女はアメリカ人の母親とイラン人の父親とのもとにアメリカで生まれ、ロサンゼルスやワシントンD.C.でクリスチャンとして育ったが、二四歳で改宗した。大学で歴史を学び、哲学や心理学の修士号、教育学の博士号を取得している。イラン人建築家と結婚してイランに移り住み、アラビア語やペルシア語、スーフィズムについてテヘラン大学で学んだ。

バフティアルの翻訳は特に第4「女性」章第34節の解釈で注目を浴びた。この句は、妻が夫に従わなければ「打て」という意味で理解されてきたため、長い間、女性蔑視だという批判の対象であった。彼女にとってもこの句をどう理解するかは深刻な問題で、「打て」という意味以外に訳す方法がなければ、翻訳そのものをやめようとまで考えていたらしい。彼女は、神が戦争以外の状況で他人を傷つけることを認めるとは信じられなかったため、従来の解釈には納得できなかったのであった。数カ月かけてこの句について考え、「妻を打て」ではなく「妻から去れ」という意味だという認識に達し、これが訳に反映されている。

同じ解釈を示しているのが、アフリカ系アメリカ人改宗者で女性学者のワドゥードである。彼女の著したクルアーン解釈書『クルアーンと女性　聖なるテクストを女性の視点から読む』（初版一九九二年）は世界中のムスリムに大きなインパクトを与えた。これはクルアーンの句が男女の平等を説いたものだという立場から、伝統的解釈を大胆に批判するものであった。やはりワドゥードもこの解釈書のなかで、第4章第34節について解釈し、バフティアルと同じ見解を示している。さらにこの句が、ムスリム社会でのドメスティックバイオレンスを許す根拠となっているという見解を否定し、むしろこの句は女性への暴力を禁じる意味をもつと解釈している。

このように三つのクルアーン翻訳書はアメリカで、ムスリム女性改宗者が影響力を持ち、そのなかでもムスリムとして多様な立場があり、そして翻訳という困難な偉業を成し遂げるほどのイスラーム理解が深まっていることを示していると言えるだろう。

4　日本の改宗者ムスリムによるクルアーン翻訳

日本社会のムスリムたち

日本でもゆっくりではあるが、さまざまな背景をもつムスリム居住者が増え、モスク建設も各地で行われるようになった。さらにインバウンド需要の高まりのなかで、ムスリムの観光客も増加し、イスラーム的に適切なおもてなしを模索する動きも盛んになってきている。このような直接的な関わりのなかでイスラームへの関心が増している状況を見るにつけ、メディア経由でのみムスリム諸国の紛争やテロの情報を得ていた二〇年前と比して日本もずいぶん変わったと言えるだろう。

では日本にはどのくらいのムスリムが住んでいるのだろう？　仕事や留学のために日本に来たムスリムと、改宗した日本人についての明確なデータはないが、店田《たなだ》廣文《ひろふみ》による研究があるのでそれを参照したい。二〇二〇年末には外国人と日本人合わせて日本には約二三万人のムスリムが居住していると考えられている。これは二〇一六年末から約一・六倍増加しているという推定に基づく数字である。このなかで改宗者の人数は、二〇一六年末時点で二〇〇〇人、二〇二〇年末時点で二四〇〇〇人と推定されている。ここからごく単純に計算すると、一年に一〇〇〇人ほどの改宗者がいるということになる。以上は推定だが、大変に参考になるデータである。

改宗の契機は、かつては婚姻によるものが多かったが、昨今はイスラームの教義に魅かれる者が増えているようである。また、改宗者の子ども世代のムスリムも育っており、日本社会のなかで困難を抱える場合もある。どのように日本にイスラームが根付いていくのか、ムスリムたちがどのような存在感をもっていくのか、これからも模索が続いていくだろう。

また改宗の経緯が、その後のムスリムとしての実践に大きな影響を与える点にも注目したい。改宗者が、結婚相手や改宗の手ほどきをした組織のイスラームをまず受け入れるのは自然なことであろう。日本に居住するムスリムは決して一枚岩ではなく、それぞれの改宗経緯に沿ったムスリム共同体に所属しがちである。それがやはりクルアーンの日本語訳にも反映されることになっており、これから見ていきたい。

スンナ派の翻訳書

『日亜対訳クルアーン　［付］訳解と正統十読誦注解』は二〇一四年に中田考《こう》監修、中田香織・下村佳州紀《かずき》訳（「正統十読誦注解」は松山洋平訳著）で作品社より刊行された。二〇一一年に黎明《れいめい》イスラーム学術・文化振興会から刊行された『訳解クルアーン　クルアーン正統十読誦の意味と機能』を改訂したものである。四人はイスラーム研究のさまざまな業績を世に出しており、この翻訳はスンナ派系統の学術系翻訳書だと言えるだろう。

中田考（一九六〇年生）はムスリム名がハサンで、東京大学文学部イスラーム学専攻在学中の一九八三年に神戸モスクでイスラームに入信している。改宗の決め手はイスラームの論理や実践の明解さや整合性にあったようである。その後、カイロ大学から哲学の博士号を取得、同志社大学神学部教授などを経て、イブン・ハルドゥーン大学客員教授となり、また作家活動も行っている。

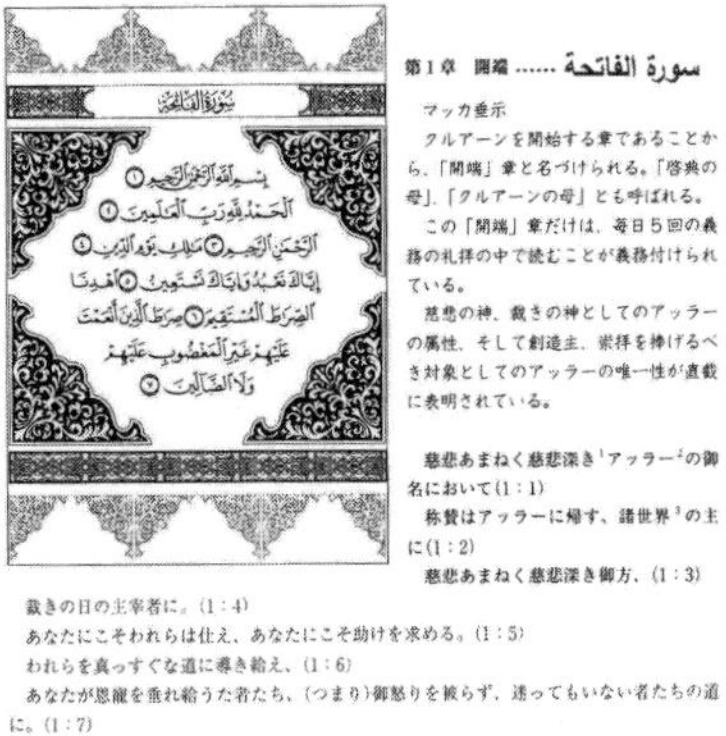
第1章　開端……سورة الفاتحة

マッカ垂示

クルアーンを開始する章であることから、「開端」章と名づけられる。「啓典の母」、「クルアーンの母」とも呼ばれる。

この「開端」章だけは、毎日5回の義務の礼拝の中で読むことが義務付けられている。

慈悲の神、裁きの神としてのアッラーの属性、そして創造主、崇拝を捧げるべき対象としてのアッラーの唯一性が直截に表明されている。

慈悲あまねく慈悲深き[1]アッラー[2]の御名において(1：1)

称賛はアッラーに帰す、諸世界[3]の主に(1：2)

慈悲あまねく慈悲深き御方、(1：3)

裁きの日の主宰者に。(1：4)

あなたにこそわれらは仕え、あなたにこそ助けを求める。(1：5)

われらを真っすぐな道に導き給え、(1：6)

あなたが恩寵を垂れ給うた者たち、(つまり)御怒りを被らず、迷ってもいない者たちの道に。(1：7)

中田考監修『日亜対訳クルアーン』の第1「開端」章

中田香織（一九六一～二〇〇八年）はその妻で、ムスリム名はハビーバである。京都大学卒業後にフランスに留学、アルジェリア出身のムスリムと知り合ったことを契機に一九九一年にパリのモスクで入信した。古典期の重要なクルアーン解釈書『タフスィール・アル＝ジャラーライン』（全三巻、二〇〇二～二〇〇六年）の日本語訳を刊行しており、『日亜対訳クルアーン』はこの解釈書に含まれるクルアーンの日本語訳を土台にしている。

下村は同志社大学一神教学際研究センターのリサーチフェローや黎明イスラーム学術・文化振興会代表理事を務めるクルアーン研究者である。松山（ムスリム名ムジャーヒド）は東京大学文学部イスラム学専修課程の教員で、神学や法学を専門とする。どちらも松山編『クルアーン入門』収録の論考など、優れた研究成果を世に出している。

第1章の訳は次のようにシンプルで分かりやすい。

慈愛あまねく慈悲深きアッラーの御名において（1：1）
称賛はアッラーに帰す、諸世界の主に（1：2）
慈愛あまねく慈悲深き御方、（1：3）
裁きの日の主催者に。（1：4）
あなたにこそわれらは仕え、あなたにこそ助けを求める。（1：5）
われらを真っすぐな道に導き給え、（1：6）
あなたが恩寵を垂れ給うた者たち、（つまり）御怒りを被らず、迷ってもいない者たちの道に。（1：7）

『日亜対訳クルアーン』は、三田了一訳と同様に日本語とアラビア語とが対訳となっているため、アラビア語を参照したい者にとって大変便利である。文体の特徴はあえて逐語訳としており、意味の通りやすさよりも、原意を正確に日本語化することを目指している。注も充実し、さらに冒頭に下村によるクルアーン解説、巻末に松山によるクルアーン読誦についての解説と読誦の相違に関する翻訳がついており、クルアーンをスンナ派的学問に

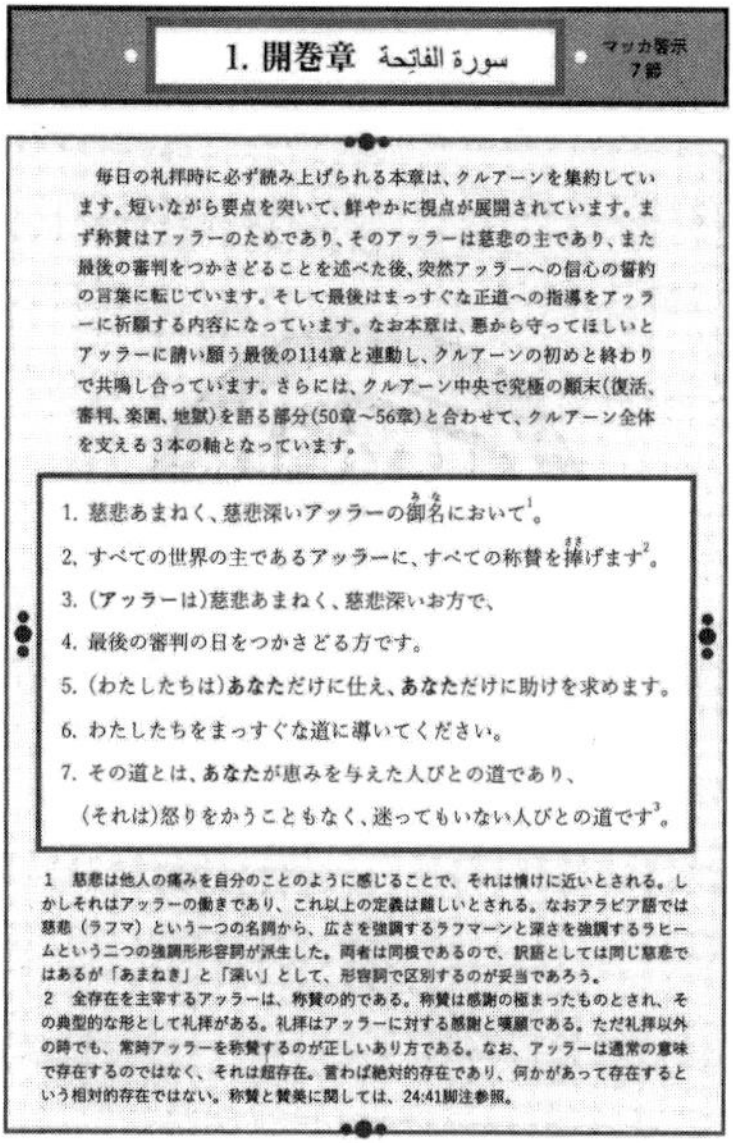

1. 開巻章 سورة الفاتِحة

マッカ啓示
7節

毎日の礼拝時に必ず読み上げられる本章は、クルアーンを集約しています。短いながら要点を突いて、鮮やかに視点が展開されています。まず称賛はアッラーのためであり、そのアッラーは慈悲の主であり、また最後の審判をつかさどることを述べた後、突然アッラーへの信心の誓約の言葉に転じています。そして最後はまっすぐな正道への指導をアッラーに祈願する内容になっています。なお本章は、悪から守ってほしいとアッラーに請い願う最後の114章と連動し、クルアーンの初めと終わりで共鳴し合っています。さらには、クルアーン中央で究極の顛末(復活、審判、楽園、地獄)を語る部分(50章～56章)と合わせて、クルアーン全体を支える3本の軸となっています。

1. 慈悲あまねく、慈悲深いアッラーの御名《みな》において[1]。
2. すべての世界の主であるアッラーに、すべての称賛を捧《ささ》げます[2]。
3. (アッラーは)慈悲あまねく、慈悲深いお方で、
4. 最後の審判の日をつかさどる方です。
5. (わたしたちは)**あなた**だけに仕え、**あなた**だけに助けを求めます。
6. わたしたちをまっすぐな道に導いてください。
7. その道とは、**あなた**が恵みを与えた人びとの道であり、
(それは)怒りをかうこともなく、迷ってもいない人びとの道です[3]。

1　慈悲は他人の痛みを自分のことのように感じることで、それは情けに近いとされる。しかしそれはアッラーの働きであり、これ以上の定義は難しいとされる。なおアラビア語では慈悲（ラフマ）という一つの名詞から、広さを強調するラフマーンと深さを強調するラヒームという二つの強調形形容詞が派生した。両者は同根であるので、訳語としては同じ慈悲ではあるが「あまねき」と「深い」として、形容詞で区別するのが妥当であろう。
2　全存在を主宰するアッラーは、称賛の的である。称賛は感謝の極まったものとされ、その典型的な形として礼拝がある。礼拝はアッラーに対する感謝と嘆願である。ただ礼拝以外の時でも、常時アッラーを称賛するのが正しいあり方である。なお、アッラーは通常の意味で存在するのではなく、それは超存在。言わば絶対的存在であり、何かがあって存在するという相対的存在ではない。称賛と賛美に関しては、24:41脚注参照。

水谷監訳著・杉本訳補完『クルアーン　やさしい和訳』の第1「開巻」章

基づき理解することができる浩瀚《こうかん》な翻訳書である。

次に、『クルアーン　やさしい和訳』（二〇一九年）はそのタイトルの通り、一般向けに分かりやすい文体で翻訳することを目指したものである。水谷周《まこと》（監訳著）と杉本恭一郎（訳補完）の共同訳である。水谷（ムスリム名アミーン）は京都の古寺に生まれ育ち、得度もすませていた。イスラームに入信した後もイスラームとキリスト教や仏教は本質的に多くの共通点を持つと考えている。日本ムスリム協会理事や日本宗教信仰復興会議代表理事である。共訳者の杉本はマレーシア国際イスラーム大学留学を経て、ＮＰＯ法人千葉イスラーム文化センター理事長を務める。

やさしい日本語での翻訳を志した理由について、水谷自身がこう述べている。これまでのクルアーン日本語訳を読んでも意味が理解できないと困っている人たちがいて、中には泣き出す人もいたため身につまされ、分かりやすい翻訳書を出そうと考えた、という。先ほど述べたように英語でも分かりやすい言葉での翻訳が人気を博しており、アラビア語との接点が多くない改宗者や、移民二世・三世が増えていることがこの背景にあると考えられる。

1. 慈悲あまねく、慈悲深いアッラーの御名《みな》において。
2. すべての世界の主であるアッラーに、すべての称賛を捧《ささ》げます。

3. （アッラーは）**慈悲あまねく、慈悲深いお方で、**

4. **最後の審判の日をつかさどる方です。**

5. （わたしたちは）**あなただけに仕え、あなただけに助けを求めます。**

6. **わたしたちをまっすぐな道に導いてください。**

7. **その道とは、あなたが恵みを与えた人びとの道であり、**（それは）**怒りをかうこともなく、迷ってもいない人びとの道です。**

この第1章の訳のように、実際に文体は平易で確かに読みやすいが、深いアラビア語の洞察に基づく労作となっている。文章を理解しやすい理由は、ですます調で必要以上に漢字を使っていないことや、原文にない説明を本文にはさんで読者の理解を補助しているためであろう。例えば第2「雌牛」章第3節は「目に見えないもの（アッラー、天使、復活、天命など）」とされ、具体的に意味されているものを理解しながら読み進めることができるようになっている。

これら二点の翻訳書は市販されているが、これから述べる四点は関係者にのみ頒布されているものである。

スンナ派以外の宗派性のある翻訳書

スンナ派以外の宗派性のある翻訳書も二点刊行されている。アフマディーヤとシーア派の翻訳である。

アフマディーヤはスンナ派系の少数派とされ、一九世紀末に英領インドで創始された。基本的にスンナ派と同じ生活様式を送るが、開祖のミルザー・グラーム・アハマド（一八三五～一九〇八年）をメシアで預言者とし、クリシュナや仏陀、孔子も預言者とするなど独自の教義をもつ。パキスタンでは非ムスリムとされ、迫害を受けて海外に居住する人たちも多い。宣教活動にも積極的であり、二〇世紀初頭には欧米やアフリカで宣教して多くの改宗者を生んでいる。ピクソールもアフマディーヤに属すムスリム改宗者で、スンナ派から翻訳書を認められるべくアズハルから許可を得ようとしたことはすでに述べた通りである。

日本での宣教は一九三五年に神戸で始まり、「アハマディア・ムスリム協会」が今も活動している。クルアーンを翻訳したモハンマド・オウェース小林淳は、一九五七年に改宗している。アフマディーヤには名古屋を中心に居住するパキスタンからの移民が多く、東日本大震災の際もボランティア活動を積極的に行った。二〇一五年に愛知県津島市に大きなモスクを建てている。

アフマディーヤはクルアーン翻訳活動にも積極的で、七〇以上の言語で刊行してきた。

日本語訳『聖クルアーン　日本語訳　アラビア語本文及び、注釈つき』（二〇一六年）は、翻訳者が小林淳、監修者がズィアウッラー・ムバッシルとなっている。これは改訂版で、初版は英語訳から一九八八年に刊行されていたが、注釈の大半が略されていたため、すべてを訳した改訂版が出された。改訂版序文によれば、アフマディア・ムスリム協会日本支部の信徒である小林が主に翻訳し、同支部の元支部長であったムバッシルが翻訳を確認し

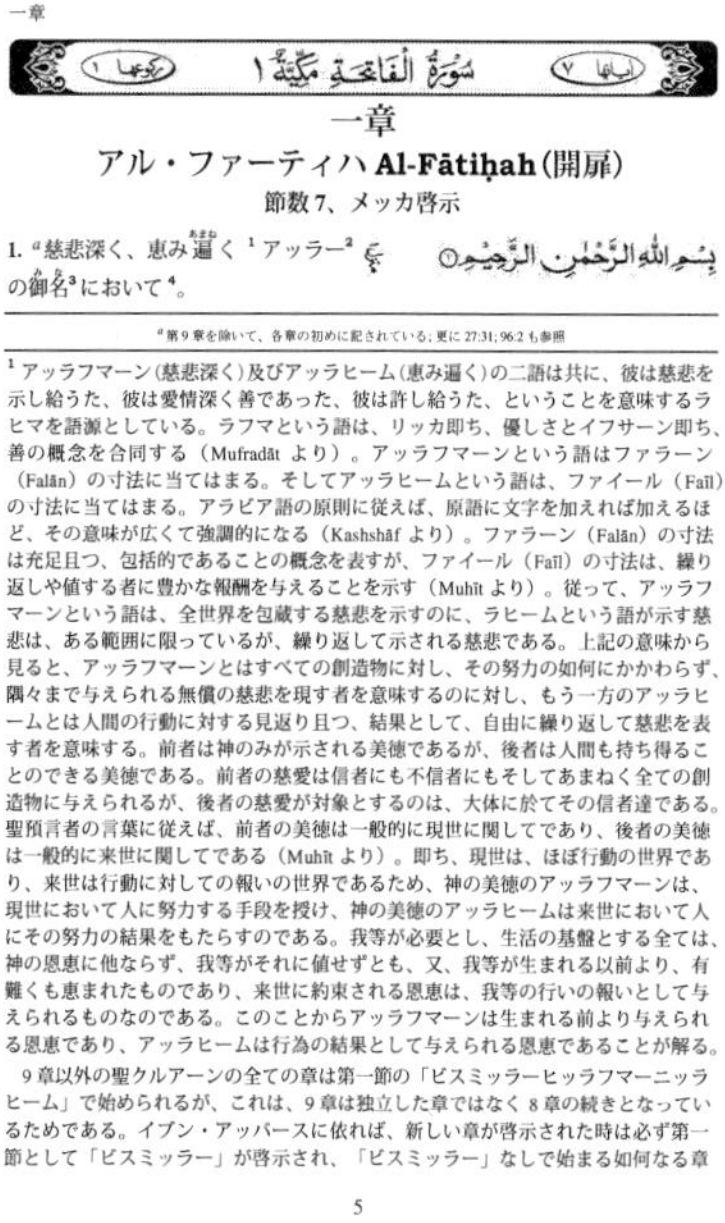
一章

١ سُوۡرَۃُ الۡفَاتِحَۃِ مَکِّیَّۃٌ

一章

アル・ファーティハ **Al-Fātiḥah**（開扉）

節数7、メッカ啓示

1. [a]慈悲深く、恵み遍《あまね》く[1]アッラー[2]の御《み》名《な》[3]において[4]。　بِسۡمِ اللّٰہِ الرَّحۡمٰنِ الرَّحِیۡمِ ①

[a]第9章を除いて、各章の初めに記されている；更に 27:31; 96:2 も参照

[1] アッラフマーン（慈悲深く）及びアッラヒーム（恵み遍く）の二語は共に、彼は慈悲を示し給うた、彼は愛情深く善であった、彼は許し給うた、ということを意味するラヒマを語源としている。ラフマという語は、リッカ即ち、優しさとイフサーン即ち、善の概念を合同する（Mufradāt より）。アッラフマーンという語はファラーン（Falān）の寸法に当てはまる。そしてアッラヒームという語は、ファイール（Faīl）の寸法に当てはまる。アラビア語の原則に従えば、原語に文字を加えれば加えるほど、その意味が広くて強調的になる（Kashshāf より）。ファラーン（Falān）の寸法は充足且つ、包括的であることの概念を表すが、ファイール（Faīl）の寸法は、繰り返しや値する者に豊かな報酬を与えることを示す（Muhīt より）。従って、アッラフマーンという語は、全世界を包蔵する慈悲を示すのに、ラヒームという語が示す慈悲は、ある範囲に限っているが、繰り返して示される慈悲である。上記の意味から見ると、アッラフマーンとはすべての創造物に対し、その努力の如何にかかわらず、隅々まで与えられる無償の慈悲を現す者を意味するのに対し、もう一方のアッラヒームとは人間の行動に対する見返り且つ、結果として、自由に繰り返して慈悲を表す者を意味する。前者は神のみが示される美徳であるが、後者は人間も持ち得ることのできる美徳である。前者の慈愛は信者にも不信者にもそしてあまねく全ての創造物に与えられるが、後者の慈愛が対象とするのは、大体に於てその信者達である。聖預言者の言葉に従えば、前者の美徳は一般的に現世に関してであり、後者の美徳は一般的に来世に関してである（Muhīt より）。即ち、現世は、ほぼ行動の世界であり、来世は行動に対しての報いの世界であるため、神の美徳のアッラフマーンは、現世において人に努力する手段を授け、神の美徳のアッラヒームは来世において人にその努力の結果をもたらすのである。我等が必要とし、生活の基盤とする全ては、神の恩恵に他ならず、我等がそれに値せずとも、又、我等が生まれる以前より、有難くも恵まれたものであり、来世に約束される恩恵は、我等の行いの報いとして与えられるものなのである。このことからアッラフマーンは生まれる前より与えられる恩恵であり、アッラヒームは行為の結果として与えられる恩恵であることが解る。

9章以外の聖クルアーンの全ての章は第一節の「ビスミッラーヒッラフマーニッラヒーム」で始められるが、これは、9章は独立した章ではなく8章の続きとなっているためである。イブン・アッバースに依れば、新しい章が啓示された時は必ず第一節として「ビスミッラー」が啓示され、「ビスミッラー」なしで始まる如何なる章

5

小林訳『聖クルアーン　日本語訳』の第1「開扉」章

たという。

1. 慈悲深く、恵み遍《あまね》く、アッラーの御名《みな》において。
2. すべての賛美は、神羅万象の主、アッラーに属す。
3. 慈悲深く、恵み遍く、
4. 審判の日の主催者。
5. 我等は汝にのみ仕え、汝にのみ救いを希う。
6. 我等を正しい道に導き給え、
7. 汝が恵みを垂れ給えし人々の道に、汝の怒りを蒙りし人々や踏み迷えし人々の道ではなく。

この第1章の訳文の特徴は第1節と第3節に「恵み遍く」という言葉を使っている点であろう。井筒が「慈悲深く、慈愛あまねき」と訳した後、翻訳者たちも「慈愛」や「慈悲」という言葉を使うようになっている。そのなかで小林は「恵み」という言葉を選んでおり、あえて言えば、高橋・有賀訳「慈悲にして恩恵なる」に近いかもしれない。

小林訳の他の章の訳文を見ると、翻訳は文語体で格調があるが、今ではあまり使われない言葉があり、難しく感じる人もいるかもしれない。しかしクルアーンの言葉の荘厳さを感じるにはよい。注がかなり詳しく書かれており、古典期のアラビア語文献から一九～二〇世紀前半の英語文献が頻繁に引用されている。独自の注釈が見られる点が興味深い。例えば第18「洞窟」章第83-98節で登場するズルカルナイン（二本角を持つ者）について、通常はアレクサンドロス大王とされていることを否定して、アケメネス朝ペルシアのキュロス二世王と解釈する。そのキュロス（＝ズルカルナイン）は、ゴグとマゴグに象徴されるヨーロッパ諸国を追い払い、ペルシア人を解放した英雄として称えられている。このように注の基調には、西洋キリスト教世界を批判し、それに立ち向かうムスリムという構図がある。これはアフマディーヤの英語版クルアーンの注を訳しているためである。

第1章　開扉章(アル・ファーティハ)　1

第１章　開扉章（アル・ファーティハ）マッカ啓示７節

1. 慈悲あまねく慈愛深きアッラーの御名によって

2. すべての賞賛と賛美はあらゆる世界の主であるアッラーのためにある。

3. 慈悲あまねく慈愛深き方。

4. 審判の日の主。

5. あなただけに仕え、あなただけに助けを求めます。

6. 私たちを正しい道に導いてください。

7. あなたがお恵みを下さった人たちの道、あなたがお怒りになった人たちの道ではなく、また道に迷った人たちの道ではなく。

澤田訳『聖クルアーン　日本語訳』の第1「開扉」章

また、シーア派の日本人ムスリムによる翻訳書も刊行されている。澤田達一《たついち》による『聖クルアーン　日本語訳』（二〇一三年）である。澤田のムスリム名はエブラーヒームで、シーア派の学問中心地であるイランのゴム（コム）でイスラームを学んだシーア派聖職者である。父の澤田沙葉《さふは》は、日本のシーア派信徒のリーダー的存在であった。

この翻訳書はイランの啓示翻訳文化研究所から発行され、シーア派の世界で権威の高いアルムスタファー国際大学が校正している。アルムスタファー国際大学の本部はイランのゴムで、東京に在日事務所があり、澤田達一は研究教務部長を務めている。澤田はYouTubeでもイスラームについての講義を公開するなど、活発な活動を行っている。

翻訳書は対訳となっていて便利であり、注はないが、分かりやすい文体で書かれているので読みやすい。「翻訳者はしがき」には、日本語訳では井筒訳や三田訳を参照し、クルアーンへの敬意を伝えつつ、できるだけ平易な文体にするようにしたと述べられている。

第一「開扉」章は次のようになっている。

1. 慈悲あまねく慈愛深きアッラーの御名によって
2. すべての賞賛と賛美はあらゆる世界の主であるアッラーのためにある。
3. 慈悲あまねく慈愛深き方。
4. 審判の日の主。
5. あなただけに仕え、あなただけに助けを求めます。
6. 私たちを正しい道に導いてください。

7. あなたがお恵みを下さった人たちの道、あなたがお怒りになった人たちの道ではなく、また道に迷った人たちの道ではなく。

この翻訳書には注がないこともあり、シーア派の教義に基づく解釈ははっきりとは示されていない。だが、例えば第4「女性」章第24節の翻訳には、シーア派の独自の結婚観が反映されている。シーア派ではムトア婚と呼ばれる一時婚が認められるが、それはこの句が根拠とされる。澤田訳では「それで彼女たちと一時的な結婚をしたならば、定められたマハル（婚資）を与えなさい」と訳されているが、他のスンナ派の翻訳では「一時的」という意味合いは込められず、「交わった者は」（三田訳）や「結婚を楽しむときは」（水谷監訳）となっている。つまり「一時婚」を認める訳にはなっていない。この箇所で興味深いのは、注ではっきりと一時婚を否定しているアフマディーヤ訳と、イランでの研究が長いためか、注で「一時結婚」のことだと名言している井筒訳である。この句の翻訳を見ると、翻訳者それぞれのイスラーム理解が見えてくる。

ムスリム国の支援による翻訳書

さらにムスリム国による支援を得て刊行された、日本語翻訳書がある。援助しているのは、サウディアラビアとトルコという中東のムスリム大国である。

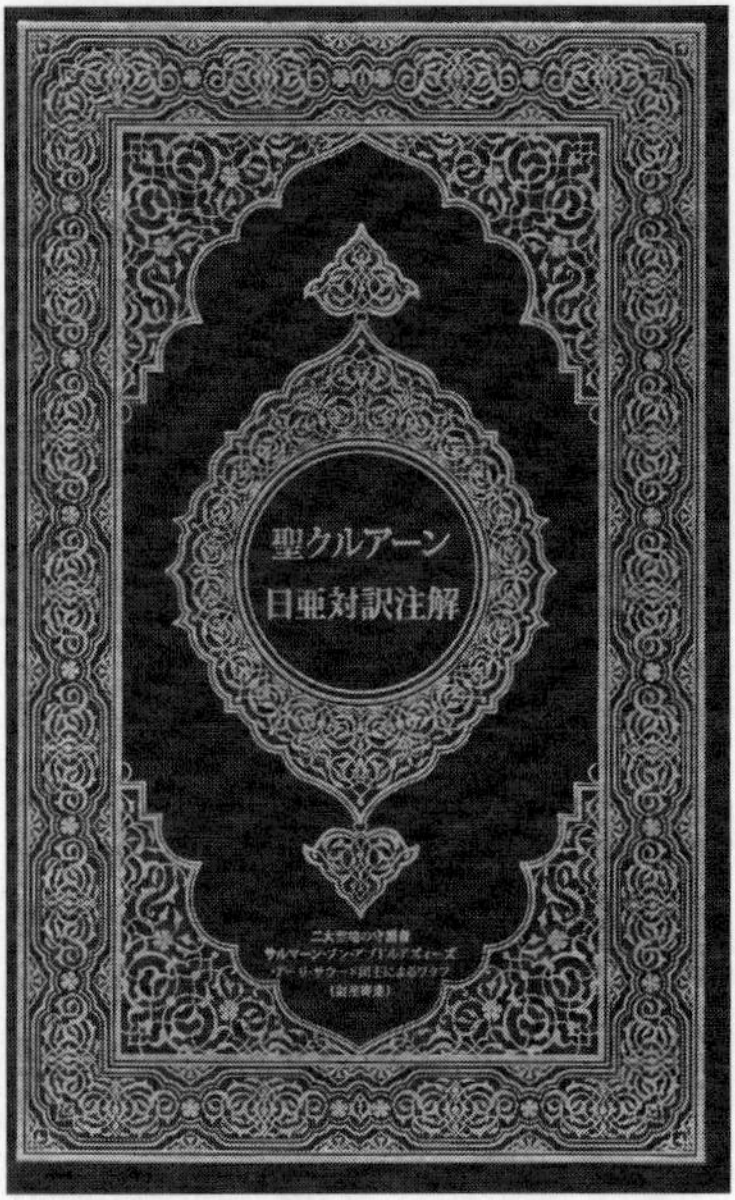

［佐藤訳］『聖クルアーン　日亜対訳註解』

『聖クルアーン　日亜対訳註解』は紺地に金の文字や装飾をもつ、アラビア語圏の伝統的なクルアーン印刷本の装丁の翻訳書である。ヒジュラ暦一四四〇年（西暦二〇一八～二〇一九年）に「サウジアラビア王国ファハド国王クルアーン印刷コンプレックス」から刊行された。このコンプレックスはサウディアラビアのメディナ郊外にあり、多くの言語のクルアーン本を印刷し、世界中のモスクや学校などに無料で配布し、インターネット上でも閲覧できるようにしている。

翻訳者は佐藤裕一で、ムスリム名はサイードである。東洋大学インド哲学科時代にインドやウイグル自治区などを旅し、帰国後に改宗したという。その後、サウディアラビアに留学し、イマーム・ムハンマド・イブン・サウード・イスラーム大学宗教原理学部を卒業した。帰国後はサウディアラビア大使館付属の「アラブ イスラーム学院」の研究員や日本ムスリム協会の副会長を務めている。

翻訳書は日本語とアラビア語の対訳で、詳しい注も付けられており、文体もくせのない平易で読みやすいものである。レイアウトも三田訳に近く、章句を探しやすくて参照しやすい。三田訳は「アッラー」が太字であるが、『聖クルアーン 日亜対訳註解』では特に強調はされていない。重要な用語には「＊」マークが付けられ、巻末で用語解説があるため、初学者には便利であろう。第1「開端」章は次のようになっている。

1. 慈悲あまねく慈愛深きアッラーの御名において。
2. 全創造物の主、アッラーに称賛あれ、
3. 慈悲あまねく慈愛深きお方、
4. 報いの日の支配者（に）。
5. 私たちはあなただけを崇拝し、あなただけにお力添えを乞います。

クルアーン日本語読解制作委員会訳
『クルアーン　日本語読解』

6. 私たちを、まっすぐな道へとお導き下さい。

7. あなたが恩恵をお授けになった者たち、つまり、（あなたの）お怒りを受けるでもなく、迷うでもない者たちの道へ。

もう一つ、トルコの支援による翻訳書は『クルアーン　日本語読解』で、東京ジャーミイ出版会から二〇二二年に刊行された。インターネット上でPDF版をダウンロードできる。東京ジャーミイは白く美しいトルコ様式の大モスクで、新宿にほど近い閑静な住宅地に溶けこむようにたたずむ。その歴史は戦前にまでさかのぼり、一九三八年に建てられた東京回教礼拝堂が古くなったため、二〇〇〇年に、「東京ジャーミイ・ディヤーナト トルコ文化センター」として再建された。

この翻訳書の柔らかい雰囲気の装幀は、トルコ系ムスリムと日本社会との歴史的背景を感じさせるものとなっている。装幀には東京回教印刷所のモチーフが用いられている。この印刷所は日本初のアラビア語クルアーンを印刷した場所で、現在そこに東京ジャーミイや文化センターがある（日本最初のアラビア語クルアーンは国会図書館でデジタル化され手続きをすれば閲覧できるようになった）。

翻訳は「クルアーン日本語読解制作委員会」が行っており、委員は次のメンバーからなっている（肩書は本書刊行時のもの）。アーディル大木博文（イスラミックセンター・ジャパンからハディース集の翻訳等を刊行）、アルマンスール・アフマド（慶應義塾大学総合政策学部訪問講師）、アハマド前野直樹（日本サウディアラビア協会／日本クウェイト協会理事・日本ムスリム協会理事）、ハディ・ハーニ（明治大学商学部特任講師、東京ジャーミイ文書館理事・研究員）、兼定愛《けんじようめぐみ》（日本学術振興会特別研究員）、西田今日子（東京ジャーミイ職員、東京ジャーミイ文書館理事）。このように、日本でムスリムとして生活する改宗者や、アラビア語やイスラームの大学教員・研究者と東京ジャーミイの職員からなる委員会である。第1「開扉」章はこう訳されている。

1 慈愛あまねく、慈悲深いアッラーの御名において。
2 アッラーに称賛あれ、諸世界の主に。
3 慈愛あまねく御方、慈悲深い御方、
4 裁きの日の主宰者に。
5 私たちはあなたに〔のみ〕仕え、またあなたに〔のみ〕助けを求めます。
6 まっすぐな道に、私たちを導いてください。
7 あなたが恩恵を恵む者たちの道に、あなたの怒りを招く者の〔道〕でも、さまよえる者の〔道〕でもなく。

翻訳の文体は平易で読みやすく、各章の冒頭に章についての簡潔な解説があり、末尾にも分かりやすい注がある。句は一節ごとに改行されているので、味わいながら通読するのにも向いているように思われる。読みやすさや、レイアウトの共通性から、同じく多数の翻訳者の手による藤本他訳に通じるものがある。多数の目を通すことで癖の少ない読みやすい翻訳になるのかもしれない。

ここまで六つのクルアーンの日本語訳をとりあげた。二〇年間で日本におけるアラビア語やイスラーム学への理解が深まり、改宗者も増え、日本人ムスリムのイスラームとのかかわり方も多様化した。よって質の高い翻訳が、多様な立場のムスリムによって刊行されるに至っている。

それぞれのムスリムのイスラーム理解の表明がクルアーン翻訳に結実するならば、今後もこの偉業を行う意欲をもつ者は絶えないであろう。またアメリカのバークのように非ムスリムがクルアーンに関心をもち、独自の翻訳を行う可能性も十分にある。いずれにしても日本社会のイスラーム理解の投影として、今後もクルアーン翻訳が世に出ることになるだろう。

あとがき

今も昔も、日本でも海外でもよく聞かれる質問なのが、「なぜイスラームの研究を始めたのか」というものです。答えは基本的に「高校生の頃に若かったので、西洋でも東洋でもない歴史のある文化で、日本では知られていないものを研究してみようと思ったから」となります。

二〇二二年から二〇二三年にかけて、在外研究として、アメリカで一年間過ごす機会を得ました。ジョージタウン大学アルワリード・ビン・タラール王子・ムスリム－クリスチャン理解センターに所属し、所長であったジョン・エスポジート教授からも、「なぜイスラームの研究を始めたのか」と尋ねられました。その後、ご自身がイスラーム研究を始められた経緯もお話しくださり、キリスト教とイスラームの境界を乗り越えられてきたのだと、私なりに理解したことを思い出します。

アメリカでの調査研究を通して、多様な背景をもつムスリムたちが「アメリカ」にアイデンティティを融合させようとする様相をつぶさに見ることができました。この二、三十年でムスリムの動向も含めて、世界は大変に速いスピードで大きく変化しました。「西洋／東洋」の境界もゆらぎ、多様な文化がさまざまな形で反発しながら混ざり合い、そのなかで日本もイスラーム文化を少しずつ受け入れ、理解しようとしています。私自身がイスラーム研究を始めた時の問題設定から遠くまできたことを実感したのでした。

本書の原著のタイトルは、『聖典「クルアーン」の思想』とクルアーンに「」が付いていました。当時、「コーラン」ではなく「クルアーン」が入ったタイトルは、日本で最初だったように思います。講談社の担当だった上田哲之さんに「もうすぐコーランではなくクルアーンと呼ぶようになりますよ」と言ってタイトルに入れてもらった記憶がありまです。当時、教科書では「コーラン（クルアーン）」という記述が出始めたところでしたが、最近は「クルアーン（コーラン）」となっています。自分の言ったことがそれほど的外れではなくすんだようで、少々安心しているところです。

＊　＊　＊

今回、このように増補版を文庫本で刊行できることになりました。古い本が今も何か役に立つのならば、大変ありがたいことです。

筑摩書房の藤岡泰介さんには、増補版のお声がけをいただき、タイトルから「」をはずすという私の提案に対しても、ご快諾いただきました。お礼申し上げます。

さらに初版を刊行してくださった講談社の上田哲之さんと川治豊成さん、まさに若書きだった書物を世に出してくださり、あらためて感謝申し上げます。
それから家族にも。毎日ありがとう。

＊　＊　＊

ＡＩ時代の本格的な幕開けが昨二〇二三年のChatGPTだとして、これから書物文化がどうなっていくのか、聖典研究者として興味が尽きない昨今です。
そして、争いごと以外をきっかけにイスラームに関心をもつ人がさらに増えることを願って。

二〇二四年三月　東京の目黒にて
大川玲子

———. *Tafsīr al-Qur'ān al-'Aẓīm*, 4 vols. Damascus: Dār al-Fayḥā'; Riyadh: Dār al-Salām, 1998. [イブン・カスィールのクルアーン解釈書『偉大なるクルアーンの解釈』]

al-Kisā'ī. *Qiṣaṣ al-Anbiyā'*. Ed. by Isaac Eisenberg. Lugduni-Batavorum: E. J. Brill, 1922–23. [キサーイー『諸預言者物語』]

al-Nawawī. *al-Minhāj fī Sharḥ Ṣaḥīḥ Muslim ibn al-Ḥajjāj al-musammā ikhtiṣāran Sharḥ Ṣaḥīḥ Muslim*, 18 parts in 7 vols. Damascus: Dār al-Khayr, 1998. [ムスリム『サヒーフ』とその注釈書『ムスリムのサヒーフ注釈』→【ハディース日本語訳】]

al-Suyūṭī. *al-Durr al-Manthūr fi'l-Tafsīr al-Ma'thūr*, 6 vols. Beirut: Dār al-Kutub al-'Ilmīya, 2000. [スユーティーのクルアーン解釈書『伝承による解釈における撒き散らされた真珠』]

———. *al-Itqān fī 'Ulūm al-Qur'ān*, 2 vols. Beirut: Dār al-Kutub al-'Ilmīya, 1991. [『クルアーン諸学の完成』]

al-Ṭabarī. *Tafsīr al-Ṭabarī: Jāmi' al-Bayān fī Ta'wīl al-Qur'ān*, 13 vols. Beirut: Dār al-Kutub al-'Ilmīya, 1999. [タバリーのクルアーン解釈書『クルアーン解釈に関する解明集成』]

———. *Ta'rīkh al-Ṭabarī: Ta'rīkh al-Umam wa'l-Mulūk*, 6 vols. Beirut: Dār al-Kutub al-'Ilmīya, 1991. [歴史書『共同体と王たちの歴史』;『使徒たちと王たちの歴史』の別名]

al-Tha'alabī. *Qiṣaṣ al-Anbiyā'*. Beirut: Dār al-Fikr, 2000. [サアラビー『諸預言者物語』]

al-Zarkashī. *al-Burhān fī 'Ulūm al-Qur'ān*, 4 vols. Cairo: Dār al-Tuāth, n.d. [ザルカシー『クルアーン諸学の明証』]

Pulcini, Theodore. *Exegesis as Polemical Discourse: Ibn Ḥazm on Jewish and Christian Scriptures.* Atlanta: Scholar Press, 1998.

Robinson, Neal. *Discovering the Qur'an: A Contemporary Approach to a Veiled Text.* London: SCM Press, 1996.

Sells, Michael, intro. & trans. *Approaching the Qur'ān: The Early Revelations.* Ashland, Oregon: White Cloud, 1999.

Tottoli, Roberto. *Biblical Prophets in the Qur'ān and Muslim Literature.* Trans. by Michael Robertson. Richmond: Curzon, 2002.

Watt, W. Montgomery and Richard Bell. *Introduction to the Qur'an.* Edinburgh: Edinburgh University Press, 1991.

Wheeler, Brannon M., selected and trans. *Prophets in the Quran: An Introduction to the Quran and Muslim Exegesis.* London & New York: Continuum, 2002.

Yasir Qadhi, Abu Ammar. *An Introduction to the Sciences of the Qur'aan.* Birmingham: al-Hidaaya, 1999.

アラビア語一次資料

al-ʻAsqalānī, Ibn Ḥajar. *Fatḥ al-Bārī bi-Sharḥ Ṣaḥīḥ al-Bukhārī*, 3 vols. Bridgeview: Bayt al-Afkār al-Dawlīya, n.d.［ブハーリー『サヒーフ』とその注釈書『創造者の勝利』→【ハディース日本語訳】］

Ibn al-Athīr. *al-Kāmil fi'l-Ta'rīkh*, 9 vols. Beirut: Dār al-Maʻrifa, n.d.［イブン・アスィール『歴史の完成』］

Ibn Ḥazm. *Kitāb al-Faṣl fi'l-Milal wa'l-Ahwā' wal'-Niḥal*, 5 parts in 2 vols. Baghdad: Maktaba al-Muthannā,［19–］.［イブン・ハズム『諸宗派に関する書』］

Ibn Kathīr. *Qiṣaṣ al-Anbiyā'*. Baghdad: Dār al-Tarbiya, 2001.［『諸預言者物語』］

Encyclopaedia of the Qur'an. Ed. by J. D. McAuliffe. Leiden: E. J. Brill, 2001–.

Noegel, Scott B. & Brannon M. Wheeler. *Historical Dictionary of Prophets in Islam and Judaism*. Lanham, Maryland, and London: Scarecrow Press, 2002.

The Oxford Encyclopedia of the Modern Islamic World. 4 vols. John L. Esposito editor in chief. New York & Oxford: Oxford University Press. 1995.

【研究書】

Abdel Haleem, Muhammad. *Understanding the Qur'an: Themes and Style*. London and New York: I. B. Tauris, 1999.

Adang, Camilla. *Muslim Writers on Judaism and the Hebrew Bible: From Ibn Rabban to Ibn Ḥazm*. Leiden: E. J. Brill, 1996.

al-A'ẓamī, Muḥammad Muṣṭafā. *The History of the Qur'ānic Text from Revelation to Compilation: A Comparative Study with the Old and New Testaments*. Leicester: UK Islamic Academy, 2003.

Ginzberg, Louis. *The Legends of the Jews*. Trans. by Henrietta Szold. Philadelphia: Jewish Publication Society of America, 1968.

Lane, Edward William. *Manners and Customs of the Modern Egyptians: Written in Egypt during the Years 1833–1835*. 1836. Reprint, London: East-West Publications, 1989.

Madigan, Daniel A. *The Qur'ān's Self-Image: Writing and Authority in Islam's Scripture*. Princeton and Oxford: Princeton University Press, 2001.

Nelson, Kristina. *The Art of Reciting the Qur'an*. Austin: University of Texas Press, 1985.

Nöldeke, Theodor. *Geschichte des Qorāns*. Göttingen: Verlag der Dietrichschen Buchhandlung, 1860.

牧野信也『コーランの世界観　イスラーム研究序説』講談社学術文庫、1991年
ムーサフ＝アンドリーセ、R.C.（市川裕訳）『ユダヤ教聖典入門　トーラーからカバラーまで』教文館、1990年
山内昌之「大川周明による回教徒問題攷究―日本人の見た近代の危機―」『イスラムとアメリカ』岩波書店、1995年
ロレンス、T.E.（柏倉俊三訳）『知恵の七柱』（全3巻），東洋文庫、1969-71年
ワット、モンゴメリー（牧野信也・久保儀明訳）『ムハンマド　預言者と政治家』みすず書房、1970年

欧米言語

【クルアーン英訳】

（'Alī, 'Abdullah Yūsuf, trans.) *The Meaning of the Holy Qur'ān*. New ed. with rev. translation, commentary, and newly compiled comprehensive index. Beltsville, Maryland: amana publications, 1989.
（Daryābādī, 'Abdul Mājid, trans) *The Glorious Qur'ān: Text, Translation & Commentary*. Markfield, Leicester: Islamic Foundation, 2001.
（Palmer, Edward H., trans.) *The Qur'an*. In *The Sacred Books of the East* (ed. by F. Max Muller), Oxford: Clarendon Press, 1900.
（Rodwell, J. M., trans.) *The Koran*. London: J. M. Dent & New York: E. P. Dutton, 1909.
（Sale, George, trans.) *The Koran: commonly called the Alkoran of Mohammed*. London: Frederick Warne, [19--?].

【辞典類】

The Encyclopaedia of Islam. New ed. Ed. by an editorial committee consisting of H. A. R. Gibb et al. Leiden: E. J. Brll, 1954-.

大塚健洋『大川周明　ある復古革新主義者の思想』中公新書、1995年
鎌田繁「注釈における革新―モッラー・サドラーのクルアーン注解―」『文学』（第1巻第4号）、2000年
小杉泰「イスラームにおける啓典解釈学の分類区分―タフスィール研究序説」『東洋学報』（第76巻1・2号）、1994年
――――「イスラームとは何か―啓典のテクストと解釈の革新―」『思想』（941号）、2002年
後藤晃『ムハンマドとアラブ』東京新聞出版部、1980年
小村不二男『日本イスラーム史』日本イスラーム友好連盟、1988年
清水徹『書物について　その形而下学と形而上学』岩波書店、2001年
杉田英明『日本人の中東発見　逆遠近法のなかの比較文化史』東京大学出版会、1995年
竹内好「大川周明のアジア研究」『近代日本思想大系21　大川周明集』（橋川文三編）筑摩書房、1975年
田村愛理「回教圏研究所をめぐって―その人と時代―」『学習院史学』（第25号）、1987年
中野好夫『アラビアのロレンス』改訂版、岩波新書，1963年
中村廣治郎『イスラム教入門』岩波新書、1998年
ハマディ、サニア（笠原佳雄訳）『アラブ人とは何か』明石書店、2001年
フォン・グルーネバウム、グスタフ.E.（嶋本隆光監訳・伊吹寛子訳）『イスラームの祭り』法政大学出版局、2002年
藤本勝次『マホメット　ユダヤ人との抗争』中公新書、1971年
ベル、リチャード（医王秀行訳）『コーラン入門』ちくま学芸文庫，2003年
ボテロ、ジャン（松島英子訳）『メソポタミア　文字・理性・神々』法政大学出版局、1998年

日本イスラム協会監修，佐藤次高他編『新イスラム事典』平凡社、2002年
【二次資料】
アブ・バクル森本武夫「聖クラーン日訳の歴史（1)-(3)（補遺)」『アッサラーム』(6-7, 9-10)、1976-78年
市川裕・鎌田繁編『聖典と人間』大明堂、1998年
井筒俊彦『マホメット』講談社学術文庫、1989年
―――「言語現象としての「啓示」」『岩波講座東洋思想　第4巻　イスラーム思想2』（長尾雅人他編）岩波書店、1988年
―――『コーランを読む』（井筒俊彦著作集8）中央公論新社、1991年
―――（牧野信也訳）『意味の構造　コーランにおける宗教道徳概念の分析』（井筒俊彦著作集4）中央公論新社、1992年
臼杵陽「戦時下回教研究の遺産―戦後日本のイスラーム地域研究のプロトタイプとして―」『思想』（941号)、2002年
大川玲子「イスティアーザの祈禱句に見られるクルアーンの受容に関して」『オリエント』（第40巻第1号)、1997年
―――「イスラームの啓示観―ファフルッディーン・ラーズィーの啓示（ワフイ）観―」『聖典と人間』（市川裕・鎌田繁編）大明堂、1998年
―――「クルアーンの啓示（インザール）理論の形成」『イスラム世界』（第59号)、2002年
―――「『書かれたもの（キターブ)』と運命論―クルアーン、『天の書板』、『記録の書』―』」『オリエント』（第45巻第1号)、2002年
―――『クルアーンとその解釈書に見られる啓示と書物』（博士学位申請論文）東京大学、2003年［本書の第三章は多くをこれによっている］
大塚和夫「イスラームにおける書くことと話すこと―人類学的視点から―」『思想』（941号)、2002年

カーライル、トマス（住谷天来訳）『英雄崇拝論』警醒社書店、1900年
カーラエル、トーマス（土井林吉［晩翠］訳）『英雄論』春陽堂、1898年
カーライル（老田三郎訳）『英雄崇拝論』岩波文庫、1949年
外務省調査部「回教々典に就いて」『回教事情』（第1巻第2号）、1938年
口村佶郎『野聖マホメツト』ライト社、1922年
坂本健一『ムハメツド伝』（全2巻）世界文庫刊行会、1923年
坂本蠡舟『麻謌末』博文館、1899年
忽滑谷快天『怪傑マホメツト』井冽堂、1905年
——［螺蛤］「コラーンに就て」『和融誌』（第9巻第6-7号）、1905年
藤田季荘「回々教経典概説（1）-（5）」『六合雑誌』（313-315, 317, 319）、1907年
——「回々教経典の原本と訳本」『六合雑誌』（322）、1907年
——「回々教経典研鑽備考」『六合雑誌』（323-324）、1907年
——「回々教の経典に就て」『東亜之光』（第3巻第4, 6, 7号）、1908年
プリドゥ、ホンフレー（林董訳）『馬哈黙伝』干河岸貫一、1876年
松本赳編著『マホメット言行録』内外出版協会、1908年
森安達也訳「スラヴ語エノク書」『聖書外典偽典3　旧約偽典Ⅰ』教文館、1982年
【辞典類】
大塚和夫他編『岩波イスラーム辞典』岩波書店、2002年
大貫隆他編『岩波キリスト教辞典』岩波書店、2002年
片倉もとこ編集代表『イスラーム世界事典』明石書店、2002年

主要参考文献〈初版〉

日本語

【クルアーン日本語訳】

(井筒俊彦訳)『コーラン』(全3巻) 改訂版、岩波文庫、1964年

(大川周明訳)『古蘭』岩崎書店、1950年

(坂本健一訳)『コーラン経』(全2巻) 世界聖典全集刊行会、1920年

(高橋五郎・有賀阿馬土訳)『聖香蘭経　イスラム教典』聖香蘭経刊行会、1938年

(藤本勝次・伴康哉・池田修訳)『コーラン』(全2巻) 中公クラシックス、2002年

(三田了一訳)『日亜対訳・注解　聖クルアーン』改訂版、日本ムスリム協会、1982年

【ハディース日本語訳】

ブハーリー (牧野信也訳)『ハディース　イスラーム伝承集成』(全6巻) 中公文庫、2001年

ムスリム (磯崎定基・飯森嘉助・小笠原良治訳)『日訳　サヒーフ　ムスリム』(全3巻) 日本サウディアラビア協会、1987-89年

【一次資料】

有賀文八郎「日本に於けるイスラム教」『日本宗教講座13』東方書院、1935年

池元半之助『マホメットの戦争主義』春山房、1903年

大川周明『復興亜細亜の諸問題』中公文庫、1993年

――――『回教概論』中公文庫、1992年

大久保幸次・鏡島寛之『コーラン研究』刀江書院、1950年

カアライル、トオマス (石田羊一郎・大屋八十八郎訳)『英雄崇拝論』丸善、1893年

Pew Research Center, "The Changing Global Religious Landscape": https://www.pewresearch.org/religion/2017/04/05/the-changing-global-religious-landscape/
The Washington Post (Wilson, G. Willow), "'American Qur'an' is an old/new masterpiece": https://www.washingtonpost.com/entertainment/books/american-quran-is-an-oldnew-masterpiece/2016/01/21/c067c350-becd-11e5-9443-7074c3645405_story.html

Malden, MA: Blackwell Publishing, 2006.
Wadud, Amina. *Qur'an and Woman: Rereading the Sacred Text from a Woman's Perspective*. New York: Oxford University Press, 1992.
Wilson, G. Willow. *The Butterfly Mosque: A Young Woman's Journey to Love and Islam*. New York: Atlantic Monthly Press [reprint], 2010.
【ウェブ上のサイト・動画】
About Islam, "Reading Qur'an, Famous Tiktoker Converts to Islam": https://aboutislam.net/muslim-issues/n-america/reading-quran-famous-tiktoker-converts-to-islam/
Library of Congress, "Omar Ibn Said Collection": https://www.loc.gov/collections/omar-ibn-said-collection/about-this-collection/
Library of Congress, "The Holy Koran of the Moorish Science Temple of America": https://www.loc.gov/item/2018662631
Light of Islam, "Top 5 Quran Reciters in the World in 2023" [YouTube]: https://youtu.be/a74FfslKLJk?feature=shared
Muslim Ink, "Interview with Umm Muhammad of Saheeh International": https://www.muslimink.com/society/interview/interview-umm-muhammad-saheeh-intl/
Muslim Ink (Omar, Faraz), "Interview with Umm Muhammad of Saheeh International": https://www.muslimink.com/society/interview/interview-umm-muhammad-saheeh-intl/
Pew Research Center, "World Muslim Population More Widespread Than You Might Think": https://www.pewresearch.org/short-reads/2017/01/31/worlds-muslim-population-more-widespread-than-you-might-think/
Pew Research Center, "The World's Muslims: Unity and Diversity": https://www.pewresearch.org/religion/2012/08/09/the-worlds-muslims-unity-and-diversity-executive-summary/

2024.

Baldanzi, Jessica and Hussein Rashid, eds. *Ms. Marvel's America: No Normal*. Jackson: University Press of Mississippi, 2020.

GhaneaBassiri, Kambiz. *A History of Islam in America: From the New World to the New World Order*. Cambridge: Cambridge University Press, 2010.

Haddad, Yvonne Y. and Jane I. Smith, eds. *The Oxford Handbook of American Islam*. New York: Oxford University Press, 2014.

Hammer, Juliane and Omid Safi, eds. *The Cambridge Companion to American Islam*. New York: Cambridge University Press, 2013.

Lawrence, Bruce B. *The Koran in English: A Biography*. Princeton: Princeton University Press, 2017.

Malony, H. Newton, and Samuel Southard, eds. *Handbook of Religious Conversion*. Birmingham, Ala.: Religious Education Press, 1992.

McAuliffe, Jane Dammen, ed. *The Cambridge Companion to the Qur'ān*. Cambridge: Cambridge University Press, 2007.

———, ed. *The Qur'ān; A Revised Translation: Origins: Interpretations and Analysis: Sounds, Sights, and Remedies: The Qur'ān in America*. New York: W. W. Norton & Company, 2017.

Nieuwkerk, Karin van, ed. *Women Embracing Islam: Gender and Conversion in the West*. Austin, University of Texas Press, 2006.

Rambo, Lewis R. and Charles Farhadian, eds. *The Oxford Handbook of Religious Conversion*. New York: Oxford University Press, 2014.

Rippin, Andrew, ed. *The Blackwell Companion to the Qur'an*.

the Qur'ān: The Full Account of the Revealed Arabic Text Accompanied by Parallel Transliteration. 3 vols. Bristol: The Book Foundation, 2003.

(Saheeh International [Assami, Emily, Amatullah Bantley, and Mary Kennedy], trans.) *The Qur'an:* Arabic Text with Corresponding English Meanings. Jeddah: Abulqasim Publishing House, 1997.

(Birk, Sandow, illustrated) *American Qur'an.* New York: Liveright Publishing Corporation, 2016. [https://sandowbirk.com/american-quran]

(Laleh, Bakhtiyar, trans.) *The Sublime Quran: English Translation.* Chicago: Library of Islam, 2007.

(Bewley, AbdalHaqq and Aisha Bewley, trans.) *The Noble Qur'an: A New Rendering of its Meaning in English,* Norwich: Bookwork, 1999.

(Helminski, Camille Adams, selected and rendered) *The Light of Dawn: Daily Readings from the Holy Qur'ān,* Boston: Shambhala, 2000.

Itani, Talal. Quran *in English: Clear, Pure, Easy to Read; Modern English Translation.* (https://blog.clearquran.com/).

(Kiani, Tahir Mahmood, trans.) *The Easy Quran: A Translation in Simple English.* London: Ta-Ha Publishers, 2019.

(Pickthall, Mohammed Marmaduke, explanatory trans.) *The Meaning of the Glorious Qur'an.* New Delhi: Idara Ishaat-e-Diniyat, n.d..

【文献】

Ahmad, Akbar. *Journey into America: The Challenge of Islam.* Washington, D.C.: Brookings Institution Press, 2010.

Archer, George, Maria M. Dakake, and Daniel A. Madigan, eds. *The Routledge Companion to the Qur'an.* London: Routledge,

三沢伸生・Göknur AKÇADAĞ「最初の日本人ムスリム―野田正太郎（1868-1904年）」『日本中東学会年報』（第23巻第1号）、2007年
水谷周『信仰の滴』国書刊行会、2022年
メノカル、マリア・ロサ（足立孝訳）『寛容の文化　ムスリム、ユダヤ人、キリスト教徒の中世スペイン』名古屋大学出版会、2005年
山内昌之『新版　イスラームとアメリカ』中公文庫、2016年
ロカモラ、リック写真・文，高橋圭・後藤絵美監修・編著『マイノリティとして生きる　アメリカのムスリムとアイデンティティ』東京外国語大学出版会、2022年
ローレンス、ブルース（池内恵訳）『コーラン』ポプラ社、2008年
【ウェブサイト】
店田廣文「日本のムスリム人口　1990-2020年」*Research Papers: Muslims in Japan*（No. 20），2021（https://www.imemgs.com/wp-content/uploads/2022/02/muslim-population-japan-1990to2020.pdf）
保坂修司「クルアーンの日本語訳について」『中東協力センターニュース』2016年（https://www.jccme.or.jp/11/pdf/2016-06/josei02.pdf）
東京ジャーミイ・ディヤーナト　トルコ文化センター「『クルアーン　日本語読解』PDF版（第1版）公開のご案内」（https://tokyocamii.org/ja/notice/8316/）
国立国会図書館サーチ「コーラン」（https://ndlsearch.ndl.go.jp/books/R100000002-I000006470076）

英語
【クルアーン訳】
（Asad, Muhammad, translated and explained）*The Message of*

桜井啓子『日本のムスリム社会』ちくま新書、2003 年
佐藤兼永『日本の中でイスラム教を信じる』文藝春秋、2015 年
店田廣文『日本のモスク　滞日ムスリムの社会的活動』山川出版社、2015 年
デロッシュ、フランソワ（小村優太訳）『コーラン　構造・教義・伝承』白水社、2009 年
長沢栄治監修，嶺崎寛子編著『日本に暮らすムスリム』明石書店、2024 年
中田香織『イスラームの息吹の中で』泰流社、1997 年
中田香織訳，中田考監訳『タフスィール・アル＝ジャラーライン』全 3 巻、日本サウディアラビア協会、2002-2006 年
中田考『私はなぜイスラーム教徒になったのか』太田出版、2015 年
日本のイスラームとクルアーン編集委員会編，大川玲子ほか著『日本のイスラームとクルアーン　現状と展望』晃洋書房、2020 年
樋口美作『日本人ムスリムとして生きる』佼成出版社、2007 年
ベル、リチャード（医王秀行訳）『コーラン入門』ちくま学芸文庫、2003 年
ベルク、ジャック（内藤陽介・内藤あいさ訳）『コーランの新しい読み方』晶文社、2005 年
北條文緒『翻訳と異文化』みすず書房、2004 年
マクフィーリー、ウィリアム・S.（福本麻子訳）『小さな島の大きな歴史　ジョージア州サペロ島』晶文社、1999 年
松長昭『在日タタール人　歴史に翻弄されたイスラーム教徒たち』東洋書店、2009 年
松山洋平編，小布施祈恵子ほか著『クルアーン入門』作品社、2018 年
マルコム X（濱本武雄訳）『完訳 マルコム X 自伝（上・下）』中公文庫、2002 年

イブン・イスハーク著，イブン・ヒシャーム編註，後藤明ほか訳『預言者ムハンマド伝（全4巻）』岩波書店、2010-2012年
臼杵陽『大川周明　イスラームと天皇のはざまで』青土社、2010年
宇高雄志『神戸モスク　建築と街と人』東方出版、2017年
大川玲子『図説　コーランの世界　写本の歴史と美のすべて』河出書房新社、2005年
―――『イスラームにおける運命と啓示　クルアーン解釈書に見られる「天の書」概念をめぐって』晃洋書房、2009年
―――『イスラーム化する世界　グローバリゼーション時代の宗教』平凡社新書、2013年
―――『チャムパ王国とイスラーム　カンボジアにおける離散民のアイデンティティ』平凡社、2017年
―――『クルアーン　神の言葉を誰が聞くのか』慶應義塾大学出版会、2018年
―――『リベラルなイスラーム　自分らしくある宗教講義』慶應義塾大学出版会、2021年
大類久恵『アメリカの中のイスラーム』子どもの未来社、2006年
岡内大三『香川にモスクができるまで　在日ムスリム奮闘記』晶文社、2023年
クック、マイケル（大川玲子訳）『コーラン』岩波書店、2005年
工藤正子『越境の人類学　在日パキスタン人ムスリム移民の妻たち』東京大学出版会、2008年
小杉泰『『クルアーン』語りかけるイスラーム』岩波書店、2009年
―――編訳『ムハンマドのことば　ハディース』岩波文庫、2019年
小村明子『日本とイスラームが出会うとき　その歴史と可能性』現代書館、2015年

主要参考文献〈増補版〉

＊第一章〜第四章への加筆や第五章執筆に用いたもの
＊ウェブサイトの最終閲覧日は全て2024年2月29日

日本語

【クルアーン訳】

（クルアーン日本語読解制作委員会：アーディル大木博文，アルマンスール・アフマド，アハマド前野直樹，ハディ・ハーニ，兼定愛，西田今日子）『クルアーン　日本語読解』東京ジャーミイ出版会、2022年

（モハンマド・オウェース小林淳訳、ズィアウッラー・ムバッシル監修）『聖クルアーン　日本語訳　アラビア語本文及び、注釈つき』イスラム・インターナショナル・パブリケーションズ、2016年

（［サイード佐藤訳］）『聖クルアーン　日亜対訳注解』ファハド国王マディーナ・クルアーン印刷コンプレックス、ヒジュラ暦1440［西暦2018-2019］年

（澤田達一訳）『聖クルアーン　日本語訳』啓示翻訳文化研究所、2013年

（中田考監修訳，中田香織・下村佳州紀訳「正統十読誦注解」松山洋平訳著」）『日亜対訳 クルアーン　［付］訳解と正統十読誦注解』作品社、2014年

（水谷周監訳著，杉本恭一郎訳補完）『クルアーン　やさしい和訳』国書刊行会、2019年

【文献】

アサド、ムハンマド（アサド・クルバンアリー訳）『メッカへの道』原書房、1983年

共産主義黒書〈ソ連篇〉
ステファヌ・クルトワ／ニコラ・ヴェルト
外川継男訳

史上初の共産主義国家〈ソ連〉は、大量殺人・テロル・強制収容所を統治形態にまで高めた。レーニン以来行われてきた犯罪を赤裸々に暴いた衝撃の書。

共産主義黒書〈アジア篇〉
ステファヌ・クルトワ／ジャン＝ルイ・マルゴラン
高橋武智訳

アジアの共産主義国家は抑圧政策においてソ連以上の悲惨を生んだ。中国、北朝鮮、カンボジアなどでの実態は我々に歴史の重さを突き付けてやまない。

ヨーロッパの帝国主義
アルフレッド・W・クロスビー
佐々木昭夫訳

15世紀末の新大陸発見以降、ヨーロッパ人はなぜ次々と植民地を獲得できたのか。病気や動植物に着目して帝国主義の謎を解き明かす。（川北稔）

民のモラル
近藤和彦

統治者といえど時代の約束事に従わざるをえなかった18世紀イギリス。新聞記事や裁判記録、ホーガースの風刺画などから騒擾と制裁の歴史をひもとく。

台湾総督府
黄昭堂

清朝中国から台湾を割譲させた日本は、新たな統治機関として台北に台湾総督府を組織した。抵抗と抑圧と建設。植民地統治の実態を追う。（檜山幸夫）

新版 魔女狩りの社会史
ノーマン・コーン
山本通訳

「魔女の社会」は実在したのだろうか？　資料を精確に読み解き、「魔女」にまつわる言説がどのように形成されたのかを明らかにする。（黒川正剛）

増補 大衆宣伝の神話
佐藤卓己

祝祭、漫画、シンボル、デモなど政治の視覚化は大衆の感情をどのように動員したか。ヒトラーが学んだプロパガンダを読み解く「メディア史」の出発点。

ユダヤ人の起源
シュロモー・サンド
高橋武智監訳
佐々木康之／木村高子訳

〈ユダヤ人〉はいかなる経緯をもって成立したのか。歴史記述の精緻な検証によって実像に迫り、そのアイデンティティを根本から問う画期的試論。

中国史談集
澤田瑞穂

皇帝、彫青、男色、刑罰、宗教結社など中国裏面史を彩った人物や事件を中国文学の碩学が独自の視点で解き明かす。怪力乱「神」をあえて語る！（堀誠）

ヨーロッパとイスラーム世界
R・W・サザン
鈴木利章訳

〈無知〉から〈洞察〉へ。キリスト教文明とイスラーム文明との関係を西洋中世にまで遡って考察し、読者に歴史的見通しを与える名講義。（山本芳久）

消費社会の誕生
ジョオン・サースク
三好洋子訳

グローバル経済は近世イギリスの新規起業が生み出した！　産業が多様化し雇用と消費が拡大する産業革命前夜を活写した名著を文庫化。（山本浩司）

図説　探検地図の歴史
R・A・スケルトン
増田義郎／信岡奈生訳

世界はいかに〈発見〉されていったか。人類の知が全地球を覆っていく地理的発見の歴史を、時代ごとの地図に沿って描き出す。貴重図版二〇〇点以上。

レストランの誕生
レベッカ・L・スパング
小林正巳訳

革命期、突如パリに現れたレストラン。なぜ生まれ、なぜ人気のスポットとなったのか？　その秘密を膨大な史料から複合的に描き出す。（関口涼子）

ブラッドランド（上）
ティモシー・スナイダー
布施由紀子訳

ウクライナ、ポーランド、ベラルーシ、バルト三国。西側諸国とロシアに挟まれた地で起こった未曾有の惨劇。知られざる歴史を暴く世界的ベストセラー。

ブラッドランド（下）
ティモシー・スナイダー
布施由紀子訳

民間人死者一四〇〇万。その事実は冷戦下で隠蔽され、さらなる悲劇をもたらした――。圧倒的讃辞を集めた大著、新版あとがきを付して待望の文庫化。

奴隷制の歴史
ブレンダ・E・スティーヴンソン
所康弘訳

全世界に満遍なく存在する奴隷制。その制度のもっとも嫌悪すべき頂点となったアメリカ合衆国の奴隷制を中心に、非人間的な狂気の歴史を綴る。

同時代史
タキトゥス
國原吉之助訳

古代ローマの暴帝ネロ自殺のあと内乱が勃発。絡みあう人間ドラマ、陰謀、凄まじい政争を、臨場感あふれる鮮やかな描写で展開した大古典。（本村凌二）

明の太祖　朱元璋
檀上寛

貧農から皇帝に上り詰め、巨大な専制国家の樹立に成功した朱元璋。十四世紀の中国の社会状況を読み解きながら、元璋を皇帝に導いたカギを探る。

ハプスブルク帝国 1809-1918　A・J・P・テイラー　倉田稔 訳

ヨーロッパ最大の覇権を握るハプスブルク帝国。その19世紀初頭から解体までを追う。多民族を抱えつつ外交問題に苦悩した巨大国家の足跡。（大津留厚）

歴史（上）　トゥキュディデス　小西晴雄 訳

野望、虚栄、裏切り――古代ギリシアを殺戮の嵐に陥れたペロポネソス戦争とは何だったのか。その全貌を克明に記した、人類最古の本格的「歴史書」。

歴史（下）　トゥキュディデス　小西晴雄 訳

多くの「力」のせめぎあいを通して、どのように諸々の政治制度が確立されてきたのか？　透徹した眼差しで激動の古代ギリシア世界を描いた名著。

日本陸軍と中国　戸部良一

中国スペシャリストとして活躍し、日中提携を夢見た男たち。なぜ彼らが、泥沼の戦争へと日本を導くことになったのか。真相を追う。（五百旗頭真）

世界をつくった貿易商人　フランチェスカ・トリヴェッラート　玉木俊明 訳

東西インド会社に先立ち新世界に砂糖をもたらし西欧にインドの捺染技術を伝えたディアスポラの民。その商業組織の全貌に迫る。文庫オリジナル。

カニバリズム論　中野美代子

根源的タブーの人肉嗜食や纏足、宦官……。目を背けたくなるものを冷静に論ずることで逆説的に人間の真実に迫る血の滴る異色の人間史。（山田仁史）

インド大反乱一八五七年　長崎暢子

東インド会社の傭兵シパーヒーの蜂起からインド各地へ広がった大反乱。民族独立運動の出発点ともいえるこの反乱は何が支えていたのか。（井坂理穂）

帝国の陰謀　蓮實重彦

一組の義兄弟による陰謀から生まれたフランス第二帝政。「私生児」の義弟が遺した二つのテクストを読解し、近代的現象の本質に迫る。（入江哲朗）

増補 モスクが語るイスラム史　羽田正

モスクの変容――そこには宗教、政治、経済、美術、人々の生活をはじめ、イスラム世界の全歴史が刻み込まれている。その軌跡を色鮮やかに描き出す。

増補 普通の人びと　クリストファー・R・ブラウニング　谷喬夫訳

ごく平凡な市民が無抵抗なユダヤ人を並べ立たせ、ひたすら銃殺する――なぜ彼らは八万人もの大虐殺に荷担したのか。その実態と心理に迫る戦慄の書。

叙任権闘争　オーギュスタン・フリシュ　野口洋二訳

十一世紀から十二世紀にかけ、西欧では聖職者の任命をめぐり教俗両権の間に巨大な争いが起きた。この出来事を広い視野から捉えた中世史の基本文献。

ナチズムの美学　ソール・フリードレンダー　田中正人訳

ナチズムが民衆を魅惑した、意外なものの正体は何か。ホロコースト史研究の権威が第二次世界大戦後の映画・小説等を分析しつつ迫る。（竹峰義和）

大航海時代　ボイス・ペンローズ　荒尾克己訳

人類がはじめて世界の全体像を識っていく大航海時代。その二百年の膨大な史料を、一般読者むけに俯瞰図としてまとめ上げた決定版通史。（伊高浩昭）

衣服のアルケオロジー　フィリップ・ペロー　大矢タカヤス訳

下着から外套、帽子から靴まで。19世紀ブルジョワジーを中心に、あらゆる衣類が記号として機能してきた実態を、体系的に描くモードの歴史社会学。

20世紀の歴史(上)　エリック・ホブズボーム　大井由紀訳

第一次世界大戦の勃発が20世紀の始まりとなった。この「短い世紀」の諸相を英国を代表する歴史家が渾身の力で描く。全二巻、文庫オリジナル新訳。

20世紀の歴史(下)　エリック・ホブズボーム　大井由紀訳

一九七〇年代を過ぎ、世界に再び危機が訪れる。不確実性がいやますなか、ソ連崩壊が20世紀の終焉を印した。歴史家の考察は我々に何を伝えるのか。

アラブが見た十字軍　アミン・マアルーフ　牟田口義郎／新川雅子訳

十字軍とはアラブにとって何だったのか？　豊富な史料を渉猟し、激動の12、13世紀をあざやかに、しかも手際よくまとめた反十字軍史。

バクトリア王国の興亡　前田耕作

ゾロアスター教が生まれ、のちにヘレニズムが開花したバクトリア。様々な民族・宗教が交わるこの地に栄えた王国の歴史を描く唯一無二の概説書。

インド洋海域世界の歴史　家島彦一

陸中心の歴史観に異を唱え、海から歴史を見る重要性を訴えた記念碑的名著。世界を一つにつなげた文明の交流の場、インド洋海域世界の歴史を紐解く。

向う岸からの世界史　良知力

「歴史なき民」こそが歴史の担い手であり、革命の主体であった。著者の思想史から社会史への転換点を示す記念碑的作品。（阿部謹也）

イギリス社会史 1580-1680　キース・ライトソン　中野忠／山本浩司訳

変わらないと思われていた社会秩序が崩れていく激動の百年を描き切ったイギリス社会史不朽の名著。近代的格差社会の原点がここにある。

子どもたちに語るヨーロッパ史　ジャック・ル・ゴフ　前田耕作監訳　川崎万里訳

歴史学の泰斗が若い人に贈る、とびきりの入門書。地理的要件や歴史、とくに中世史を、たくさんのエピソードとともに語った魅力あふれる一冊。

中東全史　バーナード・ルイス　白須英子訳

キリスト教の勃興から20世紀末まで。中東学の世界的権威が、中東全域における二千年の歴史を一般読者に向けて書いた、イスラーム通史の決定版。

隊商都市　ミカエル・ロストフツェフ　青柳正規訳

通商交易で繁栄した古代オリエント都市のペトラ、パルミュラなどの遺跡に立ち、往時に思いを馳せたロマン溢れる歴史紀行の古典的名著。（前田耕作）

法然の衝撃　阿満利麿

法然こそ日本仏教を代表する巨人であり、ラディカルな革命家だった。鎮魂慰霊を超えて救済の原理を指し示した思想の本質に迫る。

親鸞・普遍への道　阿満利麿

絶対他力の思想はなぜ、どのように誕生したのか。日本の精神風土と切り結びつつ普遍的救済への回路を開いた親鸞の思想の本質に迫る。（西谷修）

歎異抄　阿満利麿訳／注／解説

没後七五〇年を経てなお私たちの心を捉える、親鸞の言葉。わかりやすい注と現代語訳、今どう読んだらよいか道標を示す懇切な解説付きの決定版。

親鸞からの手紙　阿満利麿

現存する親鸞の手紙全42通を年月順に編纂し、現代語訳と解説で構成。これにより、親鸞の人間的苦悩と宗教的深化が、鮮明に現代に立ち現れる。

行動する仏教　阿満利麿

戦争、貧富の差、放射能の恐怖……。このどうしようもない世の中でも、絶望せずに生きてゆける、21世紀にふさわしい新たな仏教の提案。

無量寿経　阿満利麿注解

なぜ阿弥陀仏の名を称えるだけで救われるのか。法然や親鸞がその理解に心血を注いだ経典の本質を、懇切丁寧に説き明かす。文庫オリジナル。

『歎異抄』講義　阿満利麿

参加者の質問に答えながら碩学が一字一句解説した『歎異抄』入門の決定版。読めばなぜ南無阿弥陀仏と称えるだけでいいのかが心底納得できる。

柳宗悦　阿満利麿

私財をなげうってまで美しいものの蒐集に奔走した柳宗悦。それほどに柳を駆り立てたのは、美が宗教的救済をもたらすという確信だった。（鈴木照雄）

道元禅師の『典座教訓』を読む　秋月龍珉

「食」における禅の心とはなにか。道元が禅寺の食事係である典座の心構えを説いた一書を現代人の日常の視点で読み解き、禅の核心に迫る。（竹村牧男）

原典訳 アヴェスター　伊藤義教訳

ゾロアスター教の聖典『アヴェスター』から最重要部分を精選。原典から訳出した唯一の邦訳である。比較思想に欠かせない必携書。（前田耕作）

書き換えられた聖書　バート・D・アーマン　松田和也訳

キリスト教の正典、新約聖書。聖書研究の大家がそこに含まれる数々の改竄・誤謬を指摘し、書き換えられた背景とその原初の姿に迫る。（筒井賢治）

カトリックの信仰　岩下壮一

神の知恵への人間の参与とは何か。近代日本カトリシズムの指導者・岩下壮一が公教要理を詳説し、キリスト教の精髄を明かした名著。（稲垣良典）

世界宗教史7
ミルチア・エリアーデ
奥山倫明／木塚隆志／深澤英隆訳

エリアーデ没後、同僚や弟子たちによって完成された最終巻の前半部。メソアメリカ、インドネシア、オセアニア、オーストラリアなどの宗教。

世界宗教史8
ミルチア・エリアーデ
奥山倫明／木塚隆志／深澤英隆訳

西・中央アフリカ、南・北アメリカの宗教、日本の神道と民俗宗教。啓蒙期以降ヨーロッパの宗教的創造性と世俗化などを収録。全8巻完結。

回教概論
大川周明

最高水準の知性を持つと言われたアジア主義者の力作。イスラム教の成立経緯や、経典などの要旨が的確に記された第一級の概論。（中村廣治郎）

神社の古代史
岡田精司

古代日本ではどのような神々が祀られていたのか。《祭祀の原像》を求めて、伊勢、宗像、住吉、鹿島など主要な神社の成り立ちや特徴を解説する。

中国禅宗史
小川隆

唐代から宋代において、禅の思想は大きく展開した。各種禅語録を思想史的な文脈に即して読みなおす試み。〈禅の語録〉全二〇巻の「総説」を文庫化。

原典訳 チベットの死者の書
川崎信定訳

死の瞬間から次の生までの間に魂が辿る四十九日の旅――中有（バルドゥ）のありさまを克明に描き、死者に正しい解脱の方向を示す指南の書。

インドの思想
川崎信定

多民族、多言語、多文化。これらを併存させるインドという国を作ってきた考え方とは。ヒンドゥー教や仏教等、主要な思想を案内する恰好の入門書。

旧約聖書の誕生
加藤隆

旧約聖書は多様な見解を持つ文書を寄せ集めて作られた書物である。各文書が成立した歴史的事情から旧約を読み解く。現代日本人のための入門書。

神道
トーマス・カスーリス
衣笠正晃訳
守屋友江監訳

日本人の精神構造に大きな影響を与え、国の運命をも変えてしまった「カミ」の複雑な歴史を、米比較宗教学界の権威が鮮やかに描き出す。

ちくま学芸文庫

増補《ぞうほ》 聖典《せいてん》クルアーンの思想《しそう》

二〇二四年五月十日 第一刷発行

著 者 大川玲子（おおかわ・れいこ）

発行者 喜入冬子

発行所 株式会社 筑摩書房

東京都台東区蔵前二―五―三 〒一一一―八七五五

電話番号 〇三―五六八七―二六〇一（代表）

装幀者 安野光雅

印刷所 株式会社精興社

製本所 株式会社積信堂

ISBN978-4-480-51243-7 C0114